JOVENS AO VOLANTE

SONIA CHÉBEL SPARTI

JOVENS AO VOLANTE

Uma proposta
de educação
para o trânsito

© Sonia Chébel Mercado Sparti, 2024
Todos os direitos desta edição reservados à Editora Labrador.

Coordenação editorial Pamela J. Oliveira
Assistência editorial Leticia Oliveira, Jaqueline Corrêa
Projeto gráfico e capa Amanda Chagas
Diagramação Estúdio dS
Revisão Marília Courbassier Paris
Imagens de miolo Freepik, Acervo da autora
Imagens de capa Unsplash (Nathan Dumlao), Midjourney

Dados Internacionais de Catalogação na Publicação (CIP)
Jéssica de Oliveira Molinari - CRB-8/9852

Sparti, Sonia Chébel Mercado

Jovens ao volante : uma proposta de educação para o trânsito Sonia Chébel Mercado Sparti. – 1. ed.
São Paulo : Labrador, 2024.
224 p. ; il.

ISBN 978-65-5625-506-4

1. Educação para segurança no trânsito – Jovens 2. Segurança no trânsito I. Título

23-6910   CDD 363.1257

Índice para catálogo sistemático:
1. Educação para segurança no trânsito

Labrador

Diretor-geral Daniel Pinsky
Rua Dr. José Elias, 520, sala 1
Alto da Lapa | 05083-030 | São Paulo | SP
contato@editoralabrador.com.br | (11) 3641-7446
editoralabrador.com.br

A reprodução de qualquer parte desta obra é ilegal e configura uma apropriação indevida dos direitos intelectuais e patrimoniais da autora. A editora não é responsável pelo conteúdo deste livro. A autora conhece os fatos narrados, pelos quais é responsável, assim como se responsabiliza pelos juízos emitidos.

Dedico este livro

a todas as pessoas empenhadas na construção
de um espaço de circulação humana
sustentável, inclusivo, respeitoso e feliz.

AGRADECIMENTOS

As indagações relativas à educação para o trânsito, que vêm me acompanhando há muitos anos, somente puderam ser investigadas com a colaboração de muitas pessoas, a quem externo meus agradecimentos:

Profa. Dra. Heloisa Szymanski, orientadora e paciente interlocutora das minhas ideias, a quem eu agradeço a coordenação, e professores/as do Programa de Estudos Pós-Graduados em Psicologia da Educação da Pontifícia Universidade Católica de São Paulo (PUC-SP), bem como às Bancas Examinadoras, aos/às colegas de curso e funcionários/as, pela significativa contribuição ao meu aperfeiçoamento pessoal e profissional.

Pontifícia Universidade Católica de São Paulo (PUC-SP), Fundação Dom Aguirre (FDA) e Universidade de Sorocaba (Uniso), pelo permanente apoio recebido em todas as etapas desta pesquisa.

Universitários e universitárias voluntários que participaram das entrevistas, familiares, amigos/as, assim como todas as pessoas que, no âmbito das universidades ou fora dele, de uma forma ou de outra, muito colaboraram para a realização deste trabalho.

SUMÁRIO

PREFÁCIO — 11
INTRODUÇÃO — 17
Números — 25
Ações e materiais didáticos — 38
Conscientização — 46

CAPÍTULO 1: COMPREENDENDO A CIRCULAÇÃO HUMANA — 53
Intensificando o estresse — 66
Produzindo medo — 70

CAPÍTULO 2: APRESENTANDO PESQUISAS NA ÁREA DE PSICOLOGIA NO TRÂNSITO — 75
1 – Perspectiva comportamental — 75
2 – Perspectiva sistêmica: homeostase do risco — 82
3 – Desenvolvimento de consciência — 91

CAPÍTULO 3: ESCOLHENDO O INSTRUMENTAL PARA COLETA E ANÁLISE DOS DADOS — 99
1 – A entrevista na pesquisa qualitativa — 99
2 – A entrevista reflexiva — 103
3 – Análise dos dados: a *grounded theory* — 107

CAPÍTULO 4: REALIZANDO A PESQUISA — 119
1 – Local das entrevistas — 119
2 – Participantes — 119

3 – Período da coleta de dados — 123
4 – Instrumentos — 123
5 – Procedimentos — 125
6 – Organizando a análise dos dados — 126
7 – Realizando a análise — 127
8 – Discutindo — 167

BUSCANDO CONCLUIR — 177

REFERÊNCIAS — 187

ANEXOS — 197
Anexo A1 — 199
Anexo A2 — 201
Anexo A3 — 203
Anexo A4 — 205
Anexo B1 — 207
Anexo B2 — 208
Anexo B3 — 209
Anexo C1 — 210
Anexo C2 — 211
Anexo D — 212

SIGLAS — 215

PREFÁCIO

Foi com grande prazer que recebi o convite de Sonia Chébel para escrever o prefácio deste livro, que é uma valiosa contribuição para a Educação para o Trânsito e para nossa compreensão da perspectiva dos jovens em relação à direção, aos riscos que correm e às responsabilidades inerentes a essa condição.

Desde o seu mestrado, Sonia tem se destacado como uma pesquisadora cuidadosa, questionadora e meticulosa em seus procedimentos. Ela foi uma das pioneiras a utilizar a Entrevista Reflexiva e a contribuir para a consolidação dessa prática de pesquisa e ação psicoeducacional, desenvolvida pelo grupo de pesquisa Ecofam (Grupo de Pesquisa em Práticas Educativas e Atenção Psicoeducacional na Escola, Família e Comunidade) da Pontifícia Universidade Católica de São Paulo (PUC-SP).

A pesquisa que resultou neste livro nasceu da perplexidade de Sonia diante das consequências dos acidentes de trânsito sofridos por suas alunas e alunos, da naturalização da violência no trânsito, e da urgência em desenvolver um programa de Educação para o Trânsito que promovesse a conscientização dos riscos envolvidos em certos comportamentos. É notável a quantidade de referências bibliográficas que ela utiliza para fundamentar suas ideias.

Os números dos acidentes apresentados pela autora são impressionantes e revelam os fatores psicossociais que influenciam esses eventos, muitas vezes associados ao consumo de bebidas alcoólicas e que apontam para a alarmante taxa de jovens neles envolvidos. Esses dados indicam a necessidade de uma legislação mais focada na prevenção de acidentes, bem como ressaltam a importância de programas de conscientização sobre a responsabilidade na direção.

Os dados também destacam a necessidade de ações abrangentes de Educação para o Trânsito, ainda incipientes nos vários níveis de escolarização, especialmente no ensino superior.

A ênfase na compreensão do pensamento das pessoas em relação às questões de trânsito, incluindo seus valores e crenças, é uma contribuição significativa deste trabalho. Sonia enfatiza a importância da conscientização dos jovens motoristas, baseando-se nas ideias de Paulo Freire, que diz: "A conscientização é um ato de conhecimento, uma aproximação crítica da realidade" (FREIRE, 2001, p.25) e implica que as pessoas assumam o papel de sujeitos que fazem e refazem o mundo.

Outro suporte teórico importante vem da teoria de identidade como relacional e como metamorfose, desenvolvida por Ciampa (1993). A metodologia da Entrevista Reflexiva, utilizada por Sonia, se mostrou um recurso valioso para a compreensão profunda da questão em estudo e foi habilmente aplicada por ela, assim como foi a *Grounded Theory*, que serviu de base para sua análise dos dados de pesquisa.

A autora destaca a complexidade do fluxo de circulação humana, e a importância do transporte público de qualidade, bem como de motoristas capacitados. Ela também chama a atenção para a necessidade de conscientizar as pessoas sobre o uso excessivo de automóveis, mencionando várias iniciativas de políticas públicas em outros países para otimizar o tráfego e promover o uso de transporte público.

O cuidadoso processo de análise e a utilização da metodologia *Grounded Theory* permitiram à autora uma compreensão abrangente do tema estudado. A análise de Sonia Chébel sobre o trânsito aborda aspectos subjetivos, sociais e de políticas públicas com o objetivo de reduzir acidentes, fornecendo orientações valiosas para políticas de Educação para o Trânsito, especialmente no contexto dos jovens.

O livro contém uma ampla revisão da literatura relacionada à psicologia do trânsito, sob duas perspectivas teóricas em psicologia. A contribuição original de Sonia é denominada por ela como a perspectiva de "desenvolvimento de consciência", seguindo a proposta de Paulo Freire. Ela descreve minuciosamente a Entrevista Reflexiva e seus procedimentos de análise de dados, o que é uma contribuição valiosa para futuros pesquisadores e para aqueles que desejam entender os caminhos para a coleta de dados de pesquisa.

Foram entrevistados jovens estudantes de Medicina, Enfermagem e Ciências Biológicas. As análises e categorias apresentadas demonstram sua abordagem criteriosa e fornecem informações importantes sobre políticas de educação para o trânsito, abordando questões como gênero, funcionamento de autoescolas, corrupção e legislação. É notável que suas observações estejam sempre fundamentadas em pesquisas e teorias relevantes da área.

As categorias de análise identificadas pela autora são esclarecedoras para compreender a complexidade dos fatores envolvidos quando se trata de jovens no trânsito. A categoria central que se destaca, o "Desenvolvimento da Consciência no Trânsito", como definida por Sonia, "permitiu a reflexão sobre as percepções de dirigir, as influências familiares, o processo de ensino-aprendizagem com seus facilitadores e obstáculos, a identificação de fatores que aumentam ou reduzem os riscos, a avaliação do desempenho do próprio motorista e a busca por equidade no trânsito. Em resumo, essa categoria central conseguiu unir as dez categorias identificadas, atribuindo sentido mesmo às que pareciam contraditórias".

Os quadros apresentados são extremamente informativos e proporcionam uma visão geral dos resultados da pesquisa.

Além das conclusões, os depoimentos espontâneos dos participantes após a pesquisa também apontam para uma atitude esperançosa, ou como a autora coloca, uma "esperança crítica e não ingênua".

Este trabalho é uma contribuição valiosa tanto para pesquisadores que desejam aprofundar seus conhecimentos sobre os recursos metodológicos utilizados quanto para aqueles que estudam a participação dos jovens no trânsito e se interessam pelo tema da educação para o trânsito. Essa contribuição se estende aos subsídios que apresenta à Educação para o Trânsito e para o desenvolvimento de políticas públicas nessa área. Isso tudo pensando na quantidade de vidas que podem ser salvas com medidas educacionais e de legislação para o trânsito.

São Paulo, setembro de 2023
Profa. Dra. Heloísa Szymanski

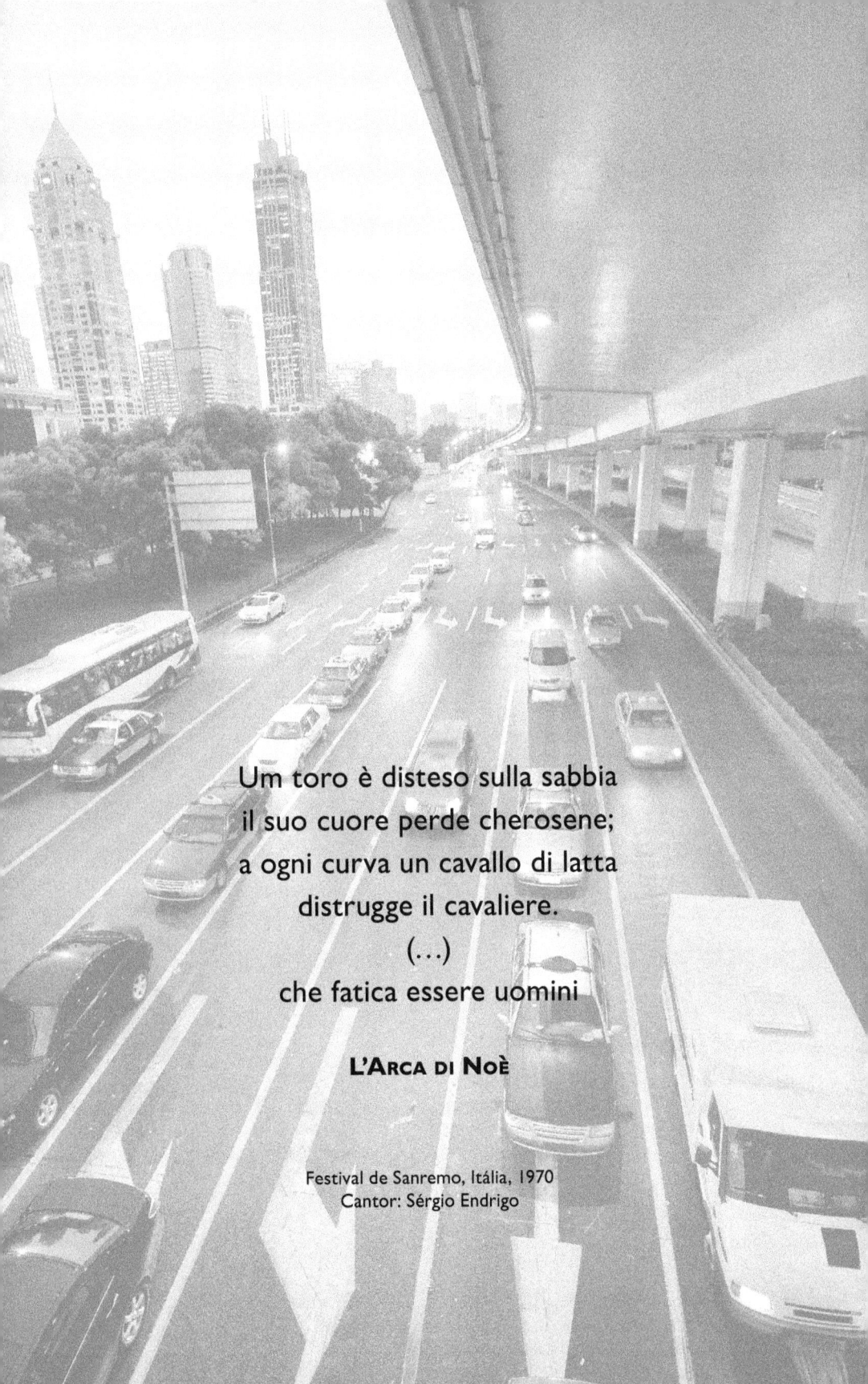

Um toro è disteso sulla sabbia
il suo cuore perde cherosene;
a ogni curva un cavallo di latta
distrugge il cavaliere.
(…)
che fatica essere uomini

L'Arca di Noè

Festival de Sanremo, Itália, 1970
Cantor: Sérgio Endrigo

INTRODUÇÃO

Nasci em Sorocaba/SP, na época em que seu transporte coletivo era realizado pelos bondes elétricos. E utilizei esses bondes, quase diariamente, até 1959 (estava, então, com 11 anos de idade), quando eles foram substituídos pelos ônibus. Eu não conseguia entender por que esse meio de transporte, que eu achava eficiente, tinha sido considerado obsoleto. O asfalto encobriu tanto os trilhos dos bondes quanto o calçamento das ruas, e os modernos ônibus, agora transitando em velocidade maior que a dos bondes, juntamente com os raríssimos táxis, automóveis particulares e bicicletas, ajudaram a escrever a história da mobilidade urbana e dos acidentes de trânsito no cotidiano sorocabano.

Considerei necessário continuar esta Introdução indicando a trajetória por mim percorrida, ao longo da qual a temática da Educação para o Trânsito, além de sua relevância social, foi se tornando cada vez mais significativa para mim, até se transformar em um problema de pesquisa. Este livro, embora compactado, é resultado da investigação que realizei com jovens universitários/as sobre esse assunto. Foi publicado, inicialmente, como tese de doutorado em Psicologia da Educação, na Pontifícia Universidade Católica de São Paulo, sob o título *Educação para o trânsito como desenvolvimento de consciência: um estudo com universitários/as* (SPARTI, 2003, 343p.).

Convivendo diariamente com universitários/as, a partir dos anos 1970, em decorrência da minha atuação como professora de Psicologia[1], fui tendo oportunidade de com eles/elas dialogar, dentro e fora

---

1 Lecionei na Faculdade de Filosofia, Ciências e Letras de Sorocaba (Fafi), hoje, Universidade de Sorocaba (Uniso), de 1972 a 2007; na Pontifícia Universidade Católica de São Paulo (PUC-SP), de

do espaço da sala de aula, e de perceber o fascínio que automóveis e motos exerciam e ainda exercem sobre muitos deles/as, independentemente de gênero, credo, partido político, curso frequentado ou cidade de origem. Digo cidade de origem porque, sendo Sorocaba uma das regiões metropolitanas do estado de São Paulo, para ela são atraídas milhares de pessoas, todos os dias, em função dos serviços oferecidos, principalmente consultórios médicos, atendimento hospitalar e ensino universitário.

Foi possível observar, também, a valorização do automóvel, não apenas como veículo de transporte, mas como símbolo de *status* e de ascensão social. Os/as universitários/as que faziam/fazem os deslocamentos diários com seus próprios automóveis, em lugar de utilizarem algum tipo de transporte coletivo (ônibus, micro-ônibus, vans, trens, táxis, metrôs), eram/são admirados/as pelos demais, **pelo objeto de independência e felicidade que possuem.**

Estudioso do assunto, Álvaro Gullo[2] afirma que dentre os símbolos sociais mais importantes na sociedade contemporânea (imóveis, roupas, eletroeletrônicos, entre outros), o automóvel desempenha um papel fundamental no imaginário coletivo porque se transformou em um referencial poderoso para a orientação do comportamento. "Além de meio de transporte, é emoção, poder, prestígio, satisfação do desejo, respeito, conquista, sucesso, felicidade enfim" (GULLO, 1997, p.131).

A essa poderosa fantasia, ainda podem ser acrescidos os efeitos da máquina publicitária, ratificando carros e motos como símbolos de ascensão social. Inúmeras peças publicitárias para venda de auto-

---

1973 a 2006; na Faculdade de Educação Física (Fefiso), da Associação Cristã de Moços (ACM) de Sorocaba, de 1979 a 1986. Dentre os cargos administrativos que ocupei, em instituições universitárias, destaco dois deles: diretora da Faculdade de Filosofia, Ciências e Letras de Sorocaba, no quadriênio 1988-1992; vice-diretora comunitária do Centro de Ciências Médicas e Biológicas (CCMB) da PUC-SP/campus Sorocaba, no quadriênio 1997-2001.
2   Prof. Dr. Álvaro de Aquino e Silva Gullo, Departamento de Sociologia da Faculdade de Filosofia, Letras e Ciências Humanas (FFLCH) da Universidade de São Paulo (USP).

móveis e de motos, nos anos 1970-80, utilizaram mulheres seminuas ao fazerem lançamentos. Atualmente utilizam lugares tranquilos e paradisíacos, estradas onde inexiste sinalização, ruas sem congestionamento e até um cão conduzindo o veículo automotor, com o seu tutor no banco traseiro! Vendem-se fantasias! A ênfase recai em aspectos relativos à velocidade e à estética, como a potência do motor e o novo *design*, pouco revelando sobre as modificações nos equipamentos de segurança, quando há.

E pouco falam a respeito do comportamento adequado ao condutor/a, evidentemente. Mas aumentam o desejo de muitos consumidores/as que consideram o carro e/ou a moto o seu cartão de visitas, mesmo que busquem um objeto pelo qual não possam pagar, porque, para essas pessoas, muito mais forte do que seu **valor de uso ou de troca**, é o **valor simbólico** que lhe atribuem (BAUDRILLARD[3], 1995, p.159; FURTADO[4], 1996, p.17). Entretanto, essas mesmas peças publicitárias poderiam exibir, por exemplo, automóveis parados fora da faixa de pedestres, crianças no banco traseiro, motoristas e acompanhantes usando cinto de segurança, motoristas segurando o volante com as duas mãos, motociclistas e ciclistas utilizando capacetes, entre outros. Sem deixar de anunciar os novos modelos de veículos e/ou as "estupendas" ofertas das concessionárias, estariam veiculando imagens de efeito educativo, em benefício da segurança de todos: pedestres, motoristas, acompanhantes, motociclistas e ciclistas.

Outro fato que chamava a minha atenção era o crescente número de jovens universitários/as que, a partir da década de 1980, entravam em licença médica, por período prolongado, e solicitavam o direito

---

3   Sociólogo francês, Jean Baudrillard (1929-2007), analisou o fenômeno do crescente consumo dos objetos em sua obra clássica denominada *Le Système des Objets* (Gallimard, 1968). Esteve no Brasil em abril de 2002 participando da Bienal do Livro, em São Paulo/SP.
4   Odair Furtado, docente no Programa de Estudos Pós-Graduados em Psicologia Social e na Faculdade de Psicologia da PUC-SP, foi presidente do Conselho Federal de Psicologia (CFP).

de permanecerem em regime de trabalho domiciliar. Verificando os requerimentos existentes na secretaria acadêmica e entrando em contato telefônico com cada um deles/delas, pude concluir que poucos apresentavam problemas de saúde decorrentes de doenças, uma vez que a maior parte estava na condição de acidentados/as de trânsito.

No entanto, muitos jovens que foram meus alunos e alunas ao longo desses 36 anos, nas três instituições universitárias em que lecionei, não conseguiram concluir seus cursos. Alguns abandonaram a universidade em consequência das graves sequelas decorrentes de acidentes de trânsito; outros/as faleceram antes, também em decorrência de acidentes associados, dentre outros fatores, a atropelamento, excesso de velocidade, consumo de bebida alcoólica, distração ao volante e ultrapassagem em local proibido. **Por que quiseram correr esses riscos?** Ou será que esse excesso de confiança na própria habilidade, como condutores/as de veículo automotor, impediu essa percepção? Alunos e alunas que, na semana anterior, alegres e sadios, estavam apresentando seminários e, na seguinte, sendo velados por familiares, professores/as e colegas de turma, incrédulos e inconformados. Provas escritas que eu não tive a quem devolver. As estatísticas de trânsito têm nomes, rostos, amigos e amigas, pessoas que sentirão saudades e serão afetadas por essas perdas[5].

Ao lado desse, outro fato também conseguia me deixar indignada: a visão tolerante, conformista, fatalista até, de muitos adultos com os quais convivia no trabalho, vizinhança, igreja, a respeito do número de acidentes de trânsito com vítimas fatais, principalmente nos feriados e finais de semana prolongados. "Grande parte da sociedade ainda continua atribuindo o acidente de trânsito a uma vontade de Deus, a uma coisa do destino", afirma J. Pedro Corrêa[6]

---

5 Muitos convites de formatura que recebi, após a relação nominal dos formandos/as, traziam os nomes dos alunos e alunas falecidos, com a observação *in memoriam*.
6 J. Pedro Corrêa foi coordenador do Programa Volvo de Segurança no Trânsito, com sede em Curitiba/PR.

(Especialistas, FSP[7], 1988, p.37). Para Maria Solange Pereira[8] (apud BASTOS JUNIOR, 1994b, p.3), o problema do motorista brasileiro "é cultural: o motorista bota um amuleto no espelho. Se acontecer alguma coisa é porque chegou a sua hora". No entanto, **ela considera o acidente de trânsito como problema parcialmente prevenível**, o que constatei ser o pensamento dos/as que me antecederam no estudo desta questão.

Ainda mais indignada ficava quando presenciava alguns professores universitários consultando os jornais, durante o intervalo das aulas, e dizendo para seus pares: *"Vamos ver quantos morreram neste final de semana? Quem adivinha?"*. Eu não compartilhava desse jogo de indiferença para com a vida humana. Mais tarde, tendo entrado em contato com o trabalho de Marta Prado[9], comecei a compreender a situação:

> O fenômeno da violência no trânsito está sendo apresentado como algo trivial, que parece não mais causar indignação. [...] Notícias de número de mortos e feridos em ocorrências de trânsito pelas estradas e vias urbanas no país [...] já não chamam a atenção. Esperar pela contabilização desse número ao final de feriados e finais de semana já se tornou corriqueiro. (PRADO, 1998, p.46)

A partir da década de 1980, iniciei a organização de uma hemeroteca[10] sobre o assunto trânsito, arquivando recortes de jornais,

---

7   A notação FSP está sendo utilizada como abreviação do jornal *Folha de S. Paulo*.
8   Maria Solange Felix Pereira é mestre em Psicologia Social pela PUC-SP, psicóloga do Departamento Estadual de Trânsito (Detran) de Mato Grosso do Sul e coordena cursos de Pós-Graduação em Estudos Avançados de Trânsito, na Universidade Católica Dom Bosco (UCDB), em Campo Grande/MS.
9   Marta Lenise do Prado defendeu tese de doutorado em Enfermagem, intitulada *Caminhos Perigosos: violência e saúde à luz das ocorrências de trânsito*, publicada em parceria pelo Programa de Pós-Graduação em Enfermagem da Universidade Federal de Santa Catarina (UFSC) e pela Editora da Universidade Federal de Pelotas/RS (UFPel).
10 Na atualidade, conta com, aproximadamente, sete mil recortes de jornais e revistas, que não precisaram de errata.

revistas e folhetos explicativos sobre os títulos: Psicologia no Trânsito, Educação para o Trânsito, Medicina de Tráfego, Legislação de Trânsito, Engenharia de Tráfego, Estatísticas de Trânsito, Equipamentos e Acessórios de Segurança, Malha Viária, Materiais Didáticos, Relações de Gênero no Trânsito, Entrevistas, Cursos e Congressos, Conselho Municipal de Trânsito e Direção Defensiva/Preventiva. Entrei em contato com editoras e montadoras, solicitando materiais impressos e audiovisuais. Comecei a participar de Congressos e Encontros sobre Trânsito.

Trouxe o assunto para as aulas de Psicologia, principalmente nas unidades do programa que versavam sobre desenvolvimento emocional, formação de valores e julgamento moral, a partir das obras de Jean Piaget[11] (1994) e Constance Kamii[12] (1984). Significativos foram os diálogos sobre regras de trânsito, com base no pensamento de Jean Piaget a respeito da existência de dois sistemas de moral: a) pressão coercitiva resultante das regras, denominada **heteronomia moral**, quando a pessoa faz o que é correto somente se estiver sendo vigiada e punida (não ultrapassa o limite de velocidade para evitar multa); e b) livre cooperação e respeito às regras, baseada na compreensão mútua, intitulada **autonomia moral**, quando a pessoa se comporta corretamente sem depender de fiscalização e punição (não ultrapassa o limite de velocidade para preservar a vida).

Após essas aulas sob forma de exposições dialogadas, muitos alunos e alunas me pediam emprestados os vídeos que havia utilizado, a

---

11   Jean William Fritz Piaget (Neuchâtel, 1896; Genebra, 1980) foi biólogo, psicólogo, pedagogo e epistemólogo suíço. Realizou pesquisa sobre o desenvolvimento cognitivo, da linguagem e do julgamento moral. Publicou centenas de artigos científicos e quinze livros. Considerado o criador do construtivismo.

12   Constance Kamii, natural de Genebra, Suíça, foi aluna e colaboradora de Jean Piaget, realizando diversos cursos de pós-doutorado nas universidades de Genebra e de Michigan (EUA), ligados à Epistemologia Genética e outras abordagens educacionais. No apêndice denominado "A autonomia como finalidade da educação: implicações da teoria de Piaget", parte integrante de sua obra *A criança e o número* (Papirus, 1984) aborda as autonomias moral e intelectual. Esteve no Brasil em 1984, participando de um Seminário na Universidade Estadual de Campinas (Unicamp).

fim de projetarem para seus familiares e colegas de trabalho. Alguns admitiam, por ocasião da devolução desses materiais, terem retirado para si próprios, por reconhecerem inadequações na maneira de dirigir e nas atitudes que tomavam ao volante.

Essa busca colocou-me em contato com vários materiais interessantes (*folders*, cartazes, boletins, revistas, livros, vídeos, brinquedos, jogos), dentre os quais o livro de Reinier Rozestraten[13] (1988) sobre Psicologia do Trânsito. Nessa obra, pioneira em língua portuguesa, ele relata o interesse pela formação de centros de pesquisas dessa área da Psicologia, em universidades e órgãos governamentais de países estrangeiros, a partir dos anos 1950, e o vagaroso início desse mesmo interesse, no Brasil, a partir dos anos 1980, despontando como pioneiras a Universidade Federal de Uberlândia/MG, a Universidade Católica Dom Bosco, em Campo Grande/MS e a Pontifícia Universidade Católica do Paraná.

Convidada a participar do Jornal da Rádio Ipanema/Jovem Pan[14] (edição regional, em Sorocaba/SP), em fevereiro de 1993, com a crônica semanal "Conversando sobre Educação", aproveitei esse espaço, durante seis anos, para abordar, dentre outros assuntos, a educação para o trânsito, entrevistando especialistas, fornecendo informações e respondendo perguntas dos/as ouvintes.[15]

---

13 O holandês Reinier Johannes Antonius Rozestraten (1924-2008) cursou Filosofia e Teologia em Haia (Holanda) e estagiou no Laboratoire de Psychologie de la Conduite (Onser), na França. Livre-docente em Psicofísica e Percepção pela Universidade de São Paulo (USP), nessa mesma universidade foi professor titular em Psicofísica, Percepção e Psicologia do Trânsito. Após aposentar-se pela USP, trabalhou na Universidade Federal do Pará (UFPA) e na Universidade Católica Dom Bosco (UCDB), em Campo Grande/MS. Autor de vasta obra sobre trânsito, publicou o primeiro livro sobre Psicologia do Trânsito (ROZESTRATEN, 1988) em língua portuguesa. Tive oportunidade de entrevistá-lo durante os Congressos da Associação Brasileira de Medicina de Tráfego (Abramet), em Fortaleza (1997), no Rio de Janeiro (1999) e em São Paulo (2001). Também no Seminário Nacional Psicologia, Circulação Humana e Subjetividade, organizado pelo Conselho Federal de Psicologia (CFP), em São Paulo (2001), e na Univerisdade Católica Dom Bosco (UCDB), em Campo Grande (2004).

14 O convite foi feito por iniciativa do diretor da Rádio Ipanema/Jovem Pan, em Sorocaba/SP (FM 91,1 MHz), Dr. Francisco Pagliato Neto.

15 É possível conferir alguns exemplos dessas crônicas nos Anexos A1 a A4.

Em dezembro de 1996, quando foi criado o Conselho Municipal de Trânsito de Sorocaba/SP (Comutran)[16], fiz parte dele representando a Universidade de Sorocaba (Uniso), e fui eleita presidente desse Conselho Municipal, para mandato de dois anos (gestão 1996-1998). Palestras, debates, projetos em parceria e um espaço semanal nos dois jornais locais, denominado "Trânsito e Cidadania" (Anexos B1 a B3), objetivando fornecer informações sobre educação para o trânsito, segurança veicular e divulgar o atual Código de Trânsito Brasileiro (CTB), aprovado em 23 de setembro de 1997, foram algumas ações realizadas pelo Comutran.

Participei, em outubro de 1999, de um curso teórico/prático sobre Direção Defensiva/Preventiva, realizado no autódromo de Jacarepaguá/RJ, ministrado pelos instrutores Per-Oln Axelsson e Bengt Berglund, da Volvo Security Driving Academy (VSDA), sediada em Gottemburgo, na Suécia (Anexo C1), utilizando automóveis Volvo com câmbio mecânico, automático e híbrido. Além de palestra sobre filosofia e principais valores da VSDA, houve projeção de vídeos sobre assuntos diversos, como uso do cinto de segurança e cadeirinha para transporte de crianças. Dentre as atividades práticas, fizemos exercícios de frenagem com freios ABS[17], em pista seca e molhada, e

---

16 O Conselho Municipal de Trânsito de Sorocaba foi, em sua primeira formação, composto por 23 conselheiros/as, sendo um representante de cada uma das seguintes secretarias municipais e instituições: 19ª Circunscrição Regional de Trânsito (Ciretran); Polícia Militar; Corpo de Bombeiros; Guarda Municipal de Sorocaba; Secretaria de Transportes e Defesa Social (SETDS); Empresa de Desenvolvimento Urbano e Social de Sorocaba (Urbes); Secretaria da Educação e Cultura (SEC); Secretaria de Trabalho e Promoção Social (SETPS); Faculdade de Engenharia de Sorocaba (Facens); Centro de Ciências Médicas e Biológicas (CCMB/PUC-SP); Universidade de Sorocaba (Uniso); Câmara Municipal de Sorocaba; Associação Comercial de Sorocaba; Centro das Indústrias do Estado de São Paulo (Ciesp); Associação dos Engenheiros e Arquitetos de Sorocaba (Aeas); Instituto dos Arquitetos do Brasil (IAB) – Núcleo Sorocaba; Ordem dos Advogados do Brasil (OAB) – Subseção Sorocaba; Associação dos Deficientes Físicos de Sorocaba (Aderes); União das Sociedades de Bairro de Sorocaba (Usabs); Sindicato dos Transportes de Carga; Sindicato dos Condutores Autônomos de Veículos Rodoviários de Sorocaba e Região; Sindicato dos Trabalhadores em Transportes Rodoviários de Sorocaba e Região; Sindicato das Empresas de Estacionamentos e Garagens do Estado de São Paulo (Sindepark).

17 Freio ABS (*AntiLock Braking System*) é um dispositivo que evita o travamento das rodas durante as frenagens, pois seus sensores medem, constantemente, a rotação de cada uma delas e possibilita menor espaço de frenagem (intervalo de tempo entre brecar e parar).

realizamos *slalom* (ziguezague com sequência de cones) em primeira marcha e em marcha à ré.

Todas essas vivências foram revelando uma realidade mais ampla do que a universitária, que me era e é familiar. Os acidentes de trânsito não se restringem, infelizmente, ao universo dos meus alunos/as, mas envolvem muitas outras pessoas, principalmente jovens entre 17 e 28 anos de idade.

NÚMEROS

O advento do automóvel, ao lado das dimensões positivas, também trouxe consigo um conjunto de graves problemas, destacando-se, pela sua magnitude e importância, os acidentes de trânsito. Pesquisadores/as são unânimes em considerá-los como o âmbito da saúde que tem apresentado o aumento mais elevado em taxas de mortalidade, a partir da década de 1950, o que tem levado muitos autores a qualificá-los como o problema de saúde pública mais grave da atualidade, ao lado da recente pandemia ocasionada pela covid-19, iniciada em 2020.

No início dos anos 1990, Eduardo Viotti, editor do caderno "Veículos", no jornal *Folha de S. Paulo*, exteriorizou seu pensamento dizendo que "o lugar mais perigoso em que você pode estar no Brasil é dentro de um carro em movimento" (VIOTTI, 1994, p.1). No entanto, a afirmação acima não integrou nenhuma obra de ficção literária, mas resultou da reflexão de um jornalista, em decorrência de sua atividade profissional cotidianamente voltada para assuntos relativos aos veículos, aos seus usuários/as e aos números... números que falam por si mesmos.

Vejamos alguns desses números, anteriores e posteriores ao ano de 1997. Por que o ano de 1997? Porque foi o ano da aprovação do atual Código de Trânsito Brasileiro (CTB), considerado condição necessária (embora não suficiente, como se verificou depois) para a redução do elevado número de acidentes de trânsito existente no Brasil, e a construção de um trânsito menos violento e mais humanizado:

1. 85.250 mortos, nas ruas e estradas do Brasil, em 1993, de acordo com pesquisa realizada pelo Comitê Brasileiro de Transportes e Tráfego da Associação Brasileira de Normas Técnicas (ABNT), que considerou os óbitos posteriores, registrados em hospitais (BT/Volvo, 1994)[18]; o Ministério dos Transportes apontava, nesse mesmo ano, o total de 50.000 mortos, computando-se apenas aqueles/as que faleceram no local do acidente.
2. Somente em 1995, na cidade de São Paulo, foram computados 182.728 acidentes, dos quais 23.858 com vítimas, sendo 24.327 com ferimentos leves, 7.704 com ferimentos graves e 1.015 mortos (DOMINGUES, 1996, p.B-8), o que nos permite dizer que cerca de três pessoas morreram, diariamente, na cidade de São Paulo, nesse ano, em decorrência de acidentes de trânsito.
3. Do total de mortos, 28% são motoristas e 72% são passageiros. Do total de acidentes nas estradas, 74% ocorrem com tempo bom; 60% acontecem durante o dia e, também, 60% deles, em retas (O CULPADO, 1996). Segundo Laurindo Junqueira, que foi assessor técnico da Associação Nacional de Transportes Públicos (ANTP)[19], esse fenômeno pode ser explicado pela Teoria da Homeostase do Risco, de Gerald Wilde[20], segundo a qual

---

[18] A notação BT/Volvo está sendo utilizada para indicar que a fonte consultada foi o Boletim Técnico do Programa Volvo de Segurança no Trânsito.
[19] A ANTP, entidade civil criada em 1977 e voltada exclusivamente ao desenvolvimento do transporte público urbano do Brasil, é responsável pela publicação da Revista de Transportes Públicos, de periodicidade trimestral.
[20] Gerald J. S. Wilde, holandês, professor emérito de Psicologia na Queen's University, em Kingston, Ontário, no Canadá, realizou pesquisa na área de psicologia e segurança no trânsito, desde a década de 1960. Seus interesses de pesquisa e ensino incluem psicologia ergonômica, comportamento humano no trânsito e percepção do risco. Esteve várias vezes no Brasil, como conferencista, dentre as quais, em Uberlândia (1986), no 2º Congresso Nacional de Psicologia do Trânsito, ocasião em que era assessor do Ministério dos Transportes do Canadá (CONGRESSO, 1986); em Curitiba (1995), no 3º Simpósio Sul-Americano e 9º Simpósio Nacional Volvo de Segurança no Trânsito; no Rio de Janeiro

quanto mais aparentemente segura uma rodovia for, mais as pessoas se sentem à vontade para cometer abusos, como beber e dirigir (DINIZ, 2001).

4. Somente nas estradas estaduais localizadas no estado de São Paulo, durante os feriados de carnaval, em 1996, ocorreram 74 mortes contra as 38 registradas em 1995, apontando um aumento de 94,7% (WASSERMAN, 1996, p.4), fato que levou o Coronel Máximo Monteiro dos Santos França Filho, então Comandante da Polícia Militar Rodoviária, a afirmar que "nós estamos pagando hoje por um trabalho que deixou de ser feito há 15 anos" (SP registra..., 1996).

5. Em 1998, o número de acidentes no país caiu 21,30%, e o de mortes, 24,73% em relação a 1997; em números absolutos, temos os que são mostrados na Tabela 1:

TABELA I — OCORRÊNCIAS DE TRÂNSITO ANTES E DEPOIS DA VIGÊNCIA DO ATUAL CTB		
OCORRÊNCIAS	1997	1998
acidentes	327.640	237.866
vítimas fatais	24.107	18.145
vítimas não fatais	327.044	243.961
veículos envolvidos	327.640	257.866
FONTE: Código de Trânsito faz um ano desfalcado. Folha de S. Paulo, 22 jan. 1999.		

(1999), no 4º Congresso Brasileiro e 2º Congresso Latino Americano de Acidentes e Medicina de Tráfego, promovido pela Associação Brasileira de Medicina de Tráfego (Abramet), ocasião em que tive oportunidade de entrevistá-lo sobre psicologia e segurança no trânsito. Seu principal livro, intitulado *Target Risk* (WILDE, 1994), foi publicado no Brasil sob o título *O Limite Aceitável de Risco* (Casa do Psicólogo, 2005), tradução de Reinier Rozestraten.

6. Nas rodovias federais e estaduais que cortam o estado de São Paulo ocorreram 39 mortes nos feriados de carnaval, em 2000, contra 50, em 2001, sendo esse o maior número de óbitos em um fim de semana prolongado desde 1998 (MORTES, DS[21], 2001).

7. Aumentou o número de mortes nas rodovias federais nos feriados da Semana Santa, em 2002, em comparação com o mesmo período de 2001 (NÚMERO... CS[22], 2002), como pode ser visualizado na Tabela 2, a seguir:

TABELA 2 — OCORRÊNCIAS DE TRÂNSITO NOS FERIADOS DA SEMANA SANTA, EM 2001 E 2002		
OCORRÊNCIAS	2001	2002
acidentes	1.294	1.394
vítimas leves	872	831
vítimas fatais	79	118
FONTE: Número de mortes aumentou 49% nas rodovias federais. Cruzeiro do Sul, 2 abr. 2002.		

8. Aumentou o número de mortes nas estradas estaduais paulistas durante o carnaval de 2003, em relação ao mesmo período de 2002 (SP, 2003), revertendo sequência de queda iniciada em 1999. A tabela a seguir fornece números absolutos:

---

21 A notação DS está sendo utilizada como abreviação do nome do jornal *Diário de Sorocaba*.
22 A notação CS está sendo utilizada como abreviação do nome do jornal *Cruzeiro do Sul*/Sorocaba.

TABELA 3 — OCORRÊNCIAS DE TRÂNSITO NOS FERIADOS DE CARNAVAL, EM 2002 E 2003		
OCORRÊNCIAS	2002	2003
acidentes	1.147	1.183
feridos graves	162	186
vítimas fatais	40	55

FONTE: SP tem mais mortes nas rodovias neste ano. Folha de S. Paulo, 2003.

Passado o efeito do impacto da aplicação desse Código, esses números voltaram a crescer, depois, a diminuir, demonstrando oscilação, em lugar de apenas decréscimo, apesar da redução ocorrida após a vigência da Lei Seca, da adoção da cadeirinha para o transporte de crianças e de outras medidas de caráter preventivo. Cumpre lembrar, também, que a ênfase na divulgação do atual Código de Trânsito Brasileiro recaiu sobre os valores das multas e o número de pontos acumulados, deixando em segundo plano a preocupação com a preservação da vida. No entanto, o total de 18.000 mortes, em 1998[23], em lugar das 50.000 ocorridas no início dos anos 1990, ainda pode ser considerado um número elevado, que não permite tranquilizar ninguém. Alguns dados a seguir embasam as afirmações acima:

1. O Brasil ficou longe de cumprir a meta da Organização Mundial da Saúde (OMS) de reduzir em 50% o número de mortes em acidentes de trânsito, de 2009 a 2019, apesar das Semanas Nacionais de Trânsito, inúmeras palestras e demais ações objetivando

---

23 Esse número resulta da somatória dos óbitos somente ocorridos no local do acidente. Então esse total pode ser considerado subcontagem.

promover educação para o trânsito e segurança viária. Conseguimos baixar apenas 26% das mortes nas rodovias (JANSEN, 2021).

2. A Tabela 4 indica os totais anuais de mortes no trânsito brasileiro, no período de 20 anos, compreendido entre 2002 e 2021. Esses totais oscilaram entre 31.945 óbitos (em 2019) e 44.812 óbitos (em 2012), mas nunca ficaram abaixo de 31.000 mortes anuais, apesar das ações de redução de danos desenvolvidas pelo poder público e pela iniciativa privada. **Por que esses números não diminuíram significativamente?**

TABELA 4 — MORTES NO TRÂNSITO ENTRE 2002 E 2011			
ANO	MORTES	ANO	MORTES
2002	32.753	2012	44.812
2003	33.139	2013	42.266
2004	35.105	2014	43.780
2005	35.994	2015	38.651
2006	36.367	2016	37.345
2007	37.407	2017	35.375
2008	38.273	2018	32.655
2009	37.594	2019	31.945
2010	40.610	2020	32.716
2011	43.256	2021	33.813

FONTE: www.mobilize.org.br / www.onsv.org.br. Acesso em: 10 fev. 2023

3. Com o surgimento da pandemia de covid-19, no ano de 2020, as pessoas foram orientadas a respeitar o distanciamento físico e permanecer em casa, trabalhando em situação de *home office*. A maior parte das escolas, igrejas, clubes, indústrias e estabelecimentos comerciais ficou fechada. Mas, mesmo assim, o Brasil registrou nesse ano 32.716 vítimas fatais em situações de trânsito, o que equivale a 90 pessoas mortas por dia (BASTOS, 2022), porque aumentou o número de óbitos de motociclistas em função das entregas de produtos diversos a domicílio.

A busca continuada de dados relativos às ocorrências de trânsito envolvendo jovens (principalmente entre 15 e 28 anos) também revelou uma preocupante realidade. Alguns números apontados a seguir, tanto anteriores quanto posteriores ao ano de 1997, podem ilustrar essa afirmação:

1. Na cidade de São Paulo, 50% dos acidentes fatais com motocicletas acontecem com pessoas com menos de 24 anos; 23% dos acidentes de trânsito, com morte, envolvem adolescentes; um/a jovem, entre 16 e 25, morre a cada quatorze horas em acidente de trânsito (BASTOS JUNIOR, 1994a).
2. Em 1996, seis mil jovens entre 16 e 25 anos morreram em acidentes de carro, segundo o Departamento Nacional de Trânsito (Denatran) (BRINCANDO... Quatro Rodas, 1997).
3. A Companhia de Engenharia de Tráfego (CET) mostra que 39,5% das batidas de carro que acontecem na cidade de São Paulo envolvem adolescentes e adultos jovens. Nas madrugadas de sábado e de domingo, o número de acidentes cresce 17% (BRINCANDO..., 1997).

4. Sessenta a 70% dos leitos hospitalares de traumatologia, em hospitais públicos, são ocupados por vítimas de acidentes de trânsito; o perfil das vítimas indica jovens entre 18 e 26 anos, predominantemente do sexo masculino, em decorrência de acidentes de trânsito ocorridos em perímetro urbano, segundo informações da Drª. Júlia Greve[24] (2000), em palestra proferida durante o I Encontro Nacional sobre Segurança, Saúde e Educação para o Trânsito no Limiar do Século XXI, em março de 2000, no Centro de Convenções Rebouças, em São Paulo.

5. De acordo com dados fornecidos pela CET, em 1999, nas colisões com vítimas fatais, em São Paulo, 40,7% dos mortos estavam na faixa etária que vai dos 16 aos 25 (WERNECK, 2002).

6. Estudo realizado pela Organização Mundial da Saúde (OMS), sobre dados do ano de 2000 (divulgado em maio/2003), concluiu que acidentes de trânsito são a maior causa de mortes violentas, com 1,26 milhão de vítimas fatais, superando as ocorridas em decorrência de homicídios, suicídios e guerras (TRÂNSITO..., 2003).

7. Segundo o Observatório Nacional de Segurança Viária (ONSV), desde 2009, o número de mortes de motociclistas vem crescendo, chegando a atingir 35,1% do total de vítimas fatais, em 2019. Nesse ano, das 31.945 mortes, 11.214 foram de motociclistas, enquanto 20.731 foram de usuários de outros modais. De 2001 a 2019, o aumento foi de 244,7% (RAMALHO, 2021).

8. Na cidade de São Paulo, segundo dados da CET, houve 297 motociclistas mortos em 2019, contra 345 em 2020. Desse total, 92% são homens, entre 20 e 37 anos. Dentre as causas foram identificadas imperícia, imprudência, velocidade excessiva. Quando trabalham na entrega de mercadorias, são remunerados por

---

[24] Drª. Júlia Maria D'Andréa Greve, do Instituto de Ortopedia e Traumatologia do Hospital das Clínicas da Faculdade de Medicina da USP, coordenou o Programa Vida Urgente, voltado para jovens e tendo como lema Se beber, não dirija.

produção, sofrem pressão das empresas (motivadas pela pressa dos/das clientes) para dirigir com maior velocidade e fazer as entregas no menor tempo possível, ocasião em que cometem mais imprudências (AMÂNCIO, 2021). Segundo dados da Abramet, o uso do capacete diminui os riscos de gravidade de lesões na cabeça, no cérebro e no rosto em 72%, e reduz a probabilidade de morte em até 40% (PESCARINI, 2022).

9. A produção de motocicletas no Brasil teve em 2022 seu maior volume dos últimos oito anos, em parte impulsionada pela expansão dos serviços de entrega (*delivery*). No total, 1,41 milhão de motocicletas foram fabricadas em 2022, o que representa um crescimento de 18,2% em relação a 2021 (PRODUÇÃO..., 2023).

10. 63% dos leitos hospitalares são ocupados por acidentados no trânsito; desses, 32% sofrem lesões nas pernas e pés, 29%, no crânio, 16%, nos braços e mãos, e 12%, na face (BOVER, 1994); das 20 cirurgias realizadas por mês pela Unicamp para reconstituição de visão, 30% ocorrem em vítimas de acidentes de trânsito em que o/a motorista estava sem o cinto de segurança (Unicamp, 1994); e de acordo com Carlos Alberto Borges[25] (apud DEAMATIS, 1995), há fraturas faciais que modificam, acentuadamente, a fisionomia da pessoa após o acidente, acarretando múltiplas consequências psicológicas, dentre as quais isolamento social e instabilidade emocional. E continua:

> há mais de uma década presencio dramáticas cenas clínicas. A emergência de fraturas e deformidades faciais grita tanto quanto a urgência de uma conscientização nacional em relação aos acidentes automobilísticos. [...] Respaldado

---

25 Carlos Alberto Borges é cirurgião plástico em Sorocaba/SP. Formado pela Faculdade de Ciências Médicas da PUC-SP/campus Sorocaba, realizou residências médicas em Cirurgia Geral (PUC-SP) e em Cirurgia Plástica (Hospital dos Defeitos da Face, em São Paulo/SP). Possui título de especialista pela Sociedade Brasileira de Cirurgia Plástica.

> pelos casos que presenciei, quero afirmar que a maioria dos acidentes de trânsito não mata, mas deixa sequelas gravíssimas, cicatrizes importantes, que teriam sido evitadas com o uso do cinto. (BORGES, 1995)

Necessário lembrar que os aspectos considerados esteticamente desejáveis no corpo humano variam, enormemente, no tempo e no espaço. Essa avaliação cultural dos atributos físicos atua como poderosa força na conformidade com os padrões estéticos que, embora arbitrários, são considerados desejáveis. Desse modo, pode ser condição de segurança para uma pessoa ser semelhante às demais, principalmente para os/as jovens que, via de regra, dependem da aprovação de seus pares. Essa ênfase na conformidade, atuando de forma contínua na vida dos/as jovens, muito provavelmente resulta em ansiedade e retraimento, causados pelo simples fato de ser mais alto/a, gordo/a, ruivo/a, usar prótese auditiva, lentes grossas ou aparelho de correção dentária. No entanto, "uma desvantagem física ou uma vantagem não são coisas objetivas e específicas numa pessoa, mas assim se tornam na medida em que o consenso social as reconhece como tal" (SAWREY; TELFORD[26], 1970). Se essas diferenças, consideradas "pequenas", por muitos estudiosos/as, podem desencadear tantas consequências negativas, as sequelas decorrentes de acidentes de trânsito, como paraplegia, tetraplegia, cegueira, queimaduras, defeitos na face ou outras, poderão mudar, acentuadamente, a imagem corporal, a autoestima, o comportamento habitual e a vida (pessoal e profissional) de muitas pessoas, principalmente jovens.

Os números apresentados nas páginas anteriores, relativos às ocorrências de trânsito com jovens, também revelam uma inter-

---

[26] James M. Sawrey e Charles W. Telford, professores pertencentes ao Departamento de Psicologia do Colégio Estadual de S. José, em S. José, Califórnia (EUA), na década de 1970, realizaram muitas pesquisas na área de Psicologia Aplicada à Educação.

face entre direção veicular e consumo de bebidas alcoólicas. Em grande parte do mundo, os/as jovens estão começando a beber cada vez mais cedo. Nos últimos 20 anos, a idade média para iniciar o consumo de bebidas alcoólicas tem diminuído dos 14 para os 11 anos de idade. A iniciação começa na própria família e continua incentivada pelo grupo de amigos/as. Há até gincanas, em alguns ambientes universitários, para verificar quem consegue beber mais e ainda ficar sóbrio, denominadas **maratomas**. Essa mudança traz graves consequências para o trânsito. Estudos realizados pelo Centro Brasileiro de Informação sobre Drogas (Cebrid), da Escola Paulista de Medicina[27], no período compreendido entre 1987 e 1994, mostram que o álcool era a droga mais consumida pelos/as adolescentes (OLIVEIRA; MELCOP, 1997).

E uma vez adquirido, esse hábito de beber tende a permanecer no adulto jovem, que acaba se tornando modelo para os/as adolescentes, quando ainda não são habilitados para dirigir veículo automotor.

Ratificando esse pensamento, Maria Helena Hoffmann[28], Henrique Carbonell[29] e Luis Montoro[30] (1996a) lembram que

> o álcool etílico ou etanol é uma droga psicodepressora, [...] cujo consumo, altamente generalizado em nossa sociedade, faz com que seja parte obrigatória de muitas relações sociais. Lamentavelmente, existe uma enorme permissividade social em relação ao álcool, inclusive quando se dirige um veículo automotor. (p.29)

---

27 Escola Paulista de Medicina, atualmente denominada Universidade Federal de São Paulo – Unifesp.
28 Maria Helena Hoffmann, psicóloga, doutora em Psicologia (1995) e mestre em Drogodependências (1992) pela Universidade de Valência/Espanha. Foi professora da Universidade do Vale do Itajaí, realizando pesquisas sobre fatores humanos no trânsito.
29 Enrique Carbonell, doutor em Psicologia, professor titular de Psicologia e Segurança Viária da Universidade de Valência/Espanha.
30 Luis Montoro, doutor em Psicologia, Catedrático de Psicologia e Segurança Viária da Universidade de Valência/Espanha. Na época da publicação deste artigo, era diretor do Instituto Universitário de Tráfego e Segurança Viária dessa universidade.

Denomina-se alcoolemia a quantidade de álcool por litro de sangue que uma pessoa apresenta. O nível de alcoolemia muda em função de algumas variáveis, como: complexidade do corpo, peso e estrutura da pessoa, quantidade de álcool ingerido, tipo de alimentação ou sua ausência, entre outras. Pelo atual Código de Trânsito Brasileiro, em seu Artigo 165 (OLIVEIRA, 1997), o máximo de alcoolemia permitido é de seis decigramas por litro de sangue (0,6 g/L). O Código de Trânsito anterior permitia alcoolemia igual ou inferior a 0,8 g/L.

Dentre as alterações que o consumo de álcool produz nas capacidades do/a condutor/a, podem ser consideradas as seguintes: alterações na percepção, diminuição da coordenação motora e dos reflexos e modificação do comportamento habitual (estados de euforia, liberação da censura, falsa segurança, diminuição da autocrítica).

O acentuado relacionamento entre alcoolismo e masculinidade foi estudado por Maria Izilda Matos[31] (2000), através da pesquisa documental que aborda as representações de gênero emergentes no discurso médico e musical, no período compreendido entre 1890 e 1940. Sua obra se inscreve em uma nova tendência da historiografia — os estudos de gênero — e a abordagem se destaca ao focalizar a construção histórica das masculinidades, temática atual e com crescente bibliografia.

> A preponderância do alcoolismo masculino era justificada pela maior facilidade dos homens em ir às casas de bebidas, pontos de reunião de homens, pela maior liberdade masculina de circulação no espaço público. Para corrigir esse hábito defendia-se, além da ação feminina no lar (o privado era identificado como o território de realização das potencialidades femininas), a existência de divertimentos públicos gratuitos e saudáveis, como bibliotecas. (MATOS, 2000, p.76-7)

---

31 Maria Izilda Santos de Matos é professora titular em História do Brasil na PUC-SP, coordenadora do Núcleo de Estudos da Mulher (NEM/PUC-SP) e do Programa *lato sensu* em História da PUC-SP.

Em acréscimo, Hoffmann e colaboradores (1996, p.27) fizeram um levantamento das crenças e costumes, associando beber e dirigir: a) o costume da hospitalidade, que recomenda ao anfitrião manter os copos sempre cheios; b) o costume da retribuição, que impõe ao visitante beber excessivamente, para demonstrar que está gostando da festa; c) a ideia de masculinidade, que não aceita ser conduzido pela companheira (namorada, esposa, amiga), mesmo que esta esteja em melhores condições de dirigir; d) a "educação" ou as boas maneiras, que impedem o anfitrião de sugerir que o amigo está "alegre" demais para dirigir o carro com segurança.

No entanto, considerando que crenças e costumes sociais não resultam de herança genética, mas, ao contrário, fazem parte de uma realidade que, **sendo socialmente construída, poderá ser desconstruída e reconstruída** (BERGER[32]; LUCKMANN, 1993), ainda há muito espaço para essas desconstruções e reconstruções referentes aos hábitos e costumes associados ao consumo de bebida alcoólica e direção veicular. E são mais um desafio para projetos de educação para o trânsito.

Os números apresentados nas páginas anteriores ora demonstram progressos na diminuição de ocorrências, ora retrocessos. Em alguns casos são conflitantes por utilizarem critérios diferentes para a sua totalização. Esse fato levou Maria de Lourdes de Souza[33] (apud PRADO, 1998, p.8) a afirmar que

> a falta de dados fidedignos sobre a violência no trânsito pode também ser compreendida como um reflexo de desintegração da sociedade que não investe em conhecimento da realidade

---

32 Peter L. Berger foi professor de Sociologia na Rutgers University (Alemanha), e Thomas Luckmann lecionou Sociologia na Universidade de Frankfurt (Alemanha).

33 Maria de Lourdes de Souza, graduada em Enfermagem no estado do Amazonas, realizou pós-graduação na USP e na Fundação Getúlio Vargas/SP, doutorando-se em 1982. As questões relativas ao trânsito são de seu interesse desde 1974. Foi docente na Universidade Federal de Santa Catarina (UFSC).

e, por conseguinte, não investe na resolubilidade dos problemas, pelo menos os traduzidos em números.

E Marta Prado (1998) enfatiza que aprendemos a conviver com a violência e desenvolvemos um espírito de resignada tolerância. A frequência dos atos violentos com os quais convivemos, em situação de trânsito ou fora dela, tem determinado sua "banalização", tornando-a corriqueira e trivial:

> reconhecida e estampada diariamente nas capas de jornais e revistas, ou como matéria de rádio, televisão ou até como temas de filmes e novelas, o fenômeno da violência no trânsito está sendo apresentado como algo trivial, que parece não mais causar indignação. Assistimos, imóveis, milhares de pessoas mutiladas ou mortas, mas nada fazemos – não reagimos. Faz parte do nosso cotidiano conviver com esse fenômeno. (PRADO, 1998 p.45)

Embora concorde parcialmente com o pensamento dessa autora, ainda é possível identificar muitas pessoas que NÃO PERDERAM A CAPACIDADE DE SE INDIGNAR com esse fenômeno da violência no trânsito, e essa indignação alimenta reflexões e caminhos para ações que busquem a redução de danos.

AÇÕES E MATERIAIS DIDÁTICOS

Falando em ações, o atual Código de Trânsito Brasileiro, mesmo não sendo considerado o Código ideal, trouxe avanços e contribuições, se comparado ao anterior, ao prever ações educativas. Logo em seu Artigo 1º, parágrafo 5º, afirma que "os órgãos e entidades de trânsito pertencentes ao Sistema Nacional de Trânsito **darão prioridade em suas ações à defesa da vida**, nela incluída a preservação da saúde e do meio ambiente" (CTB, 1997, p.2, grifo nosso).

Em seu Capítulo VI, que inclui os artigos 74 a 79, trata **Da Educação para o Trânsito**, afirmando ser "direito de todos" (Art. 74), devendo ser "promovida na pré-escola e nas escolas de 1º, 2º e 3º graus" (Art. 76). Para que o disposto nesse artigo seja realizado, o CTB/1997 determina que o Ministério da Educação e do Desporto, mediante proposta do Conselho Nacional de Trânsito (Contran) e do Conselho de Reitores das Universidades Brasileiras (CRUB), diretamente ou mediante convênio, deve promover, dentre outras ações, "a elaboração de planos de redução de acidentes de trânsito junto aos núcleos interdisciplinares universitários de trânsito, com vistas à integração universidades-sociedade na área de trânsito" (Art. 76, Parágrafo Único, inciso IV).

Antes mesmo da aprovação do atual Código, foram elaborados alguns materiais didáticos para serem utilizados na educação para o trânsito em situação escolar. O Estado de Mato Grosso do Sul, por intermédio das Secretarias de Estado da Educação e da Segurança Pública, publicou, em 1980, um livro sobre *Educação para o trânsito*[34] destinado aos professores/as da 1ª a 4ª série do 1º grau (atual ensino fundamental). Dois anos depois publicou o segundo volume[35], destinado aos professores/as da 5ª a 8ª série do 1º grau (atual ensino fundamental). Nessas duas obras o trânsito é compreendido como "a circulação de pedestres, animais e veículos de qualquer natureza, por vias terrestres, aquáticas e aéreas" (p.1).

Por sua vez, uma ação tripartite da Faculdade de Educação da Universidade Federal do Rio Grande do Sul (UFRS), dos Ministérios da Educação e Cultura (MEC), e da Justiça e dos Transportes,

---

34 GOVERNO do Estado de Mato Grosso do Sul. Secretaria de Estado da Educação. Secretaria de Estado da Segurança Pública. **Educação para o trânsito**: manual do professor: 1ª a 4ª série – 1º Grau. Campo Grande, 1980.
35 GOVERNO do Estado de Mato Grosso do Sul. Secretaria de Estado da Educação. Secretaria de Estado da Segurança Pública. **Educação para o trânsito**: manual do professor: 5ª a 8ª série – 1º Grau. Campo Grande, 1982.

resultou no livro *Educação para o Trânsito no Ensino de Primeiro Grau*[36], publicado em 1981. Essa obra, além de ser um manual de orientação básica para professores/as da 1ª a 8ª série do ensino de 1º grau (atual ensino fundamental), teve o grande mérito de considerar os alunos/as como **pedestres**, **passageiros/as** e **ciclistas**, e não como futuros/as motoristas de veículo automotor, como conceberam alguns programas educativos posteriormente elaborados.

Criado em 1990, o **Clube do Bem-te-vi** é um programa de educação para o trânsito desenvolvido pela Diretoria de Educação para o Trânsito do Detran de São Paulo, em parceria com a Polícia Militar, com foco nos alunos/as das séries iniciais do ensino fundamental 1, dos 6 aos 11 anos. Os professores/as utilizam a abordagem transversal, jogos educativos e vídeos. As crianças recebem cartilhas educativas, carteira de habilitação mirim e talão de multas. Durante as palestras, deduram os pais (SARAGIOTTO, 2022, p.2). No entanto, para otimizar o caráter pedagógico desse programa, em minha compreensão, seria adequado: a) suspender a entrega dessa carteira de habilitação mirim porque as crianças já estão inseridas no trânsito, como pedestres, passageiros/as e ciclistas, não necessitando serem consideradas futuros motoristas; b) não entregar esse talão de multas, uma vez que as crianças também devem aprender com os exemplos corretos dos pais, e quando isso não ocorrer, essa diretoria está diante de uma ocasião propícia para desenvolver um projeto de educação para o trânsito para esses adultos.

Outros projetos similares podem ser citados (SARAGIOTTO, 2020, p.4). A **Cidade Portinho Seguro**, desenvolvido pela Seguradora Porto Seguro, desde o ano 2000 atua em todo país, com atividades destinadas a crianças entre 5 e 12 anos. Consiste em uma minicidade onde as crianças vivenciam, de forma lúdica e interativa,

---

[36] BRASIL. Ministério da Educação e Cultura. Secretaria de Ensino de 1º e 2º Graus. **Educação para o trânsito no ensino de primeiro grau**. Brasília, 1981.

comportamentos básicos, como entender as sinalizações de trânsito, atravessar a rua em segurança, dentre muitos outros. Outro programa foi denominado **Caminhos para a Cidadania**, coordenado pelo Instituto Companhia de Concessões Rodoviárias (CCR), nascido em 2002, que atua com professores/as do ensino fundamental 1. A partir de 2019, migrou para o formato digital e o *site* conta com materiais formativos, sugestões de atividades, vídeos, atividades, jogos e dicas que estão disponíveis ao público em geral.

Em relação ao ensino médio, pioneiro é o material denominado *Programa de Educação para o Trânsito no Ensino de 2º Grau* (atual ensino médio), elaborado em 1982, sob coordenação das professoras doutoras Maria Amélia Azevedo Goldberg e Clarilza Prado de Souza (docentes do Programa de Estudos Pós-Graduados em Psicologia da Educação da PUC-SP), resultando de parceria entre o Ministério da Justiça (Departamento Nacional de Trânsito — Denatran), o Ministério da Educação e Cultura (Secretaria de Ensino de 1º e 2º graus — SEPS) e a Prefeitura do Município de São Paulo/SP (Companhia de Engenharia de Tráfego — CET). Esse material possui textos destinados aos professores/as, folhas de exercícios para os alunos/as, jogos de aprendizagem e um exemplar do Código de Trânsito em vigência nessa época.

Durante a tramitação do atual Código de Trânsito, e algum tempo depois da sua aprovação, também foram elaborados alguns materiais didáticos sobre trânsito, destinados à educação infantil e ao ensino fundamental. Em menor quantidade, destinados ao ensino médio. E menor número de materiais e ações voltados para o ensino universitário, embora esse público seja, em grande parte, formado por motoristas recém-habilitados/as.

No primeiro caso, dentre outros, há os materiais didáticos elaborados pela Fiat Automóveis em parceria com o Ministério da Educação e do Desporto (MEC), que adaptou para o Brasil o Programa exitoso denominado *Moto Perpétuo*, da Fiat italiana[37], composto por vídeos, *folders*, pôsteres, livros e folhas de exercício, com distribuição gratuita, através do Centro de Coordenação **Fiat para a Escola**. E também as seguintes contribuições, sob forma de livro:

- ROZESTRATEN, Reinier Johannes. **Paz no trânsito**. Curso para agentes multiplicadores de educação para o trânsito. 1º grau. Belém/PA: Grafisa, 1997.
- IACOCCA, Liliana. **Mão e contramão:** aventura do trânsito. São Paulo: Ática, 1999.
- NISKIER, Arnaldo. **Educação para o trânsito**. São Paulo: Nova América, 1996.
- FRERICHS, Rosane. **Stop:** o herói sinal verde. São Paulo: FTD, 1994.
- THOMAS FILHO, J. **Sinal verde:** educação para o trânsito. Petrópolis: Vozes, 2000.

Destinados ao ensino médio, há a peça teatral e o livro *O céu já tem anjos demais*, de Rosane Frerichs, além dos materiais didáticos produzidos pelo Programa *Moto Perpétuo*, do MEC/Fiat, dentre outros. Esse material apresenta noções de Física aplicadas ao trânsito (Fórmulas no Trânsito), de Biologia (Biologia em Circulação) e de Psicologia (Psicologia ao Volante), sob forma de livros e vídeos correspondentes.

Especificamente sobre o consumo de álcool pelos/as jovens, há estes dois livros: *Álcool e drogas na adolescência*, de Ilana Pinsky[38]

---

37 **MOTO PERPÉTUO para o 1º grau:** a segurança através da ciência e da educação. São Paulo: MEC/Fiat (La Fabbrica do Brasil), sem data (lançado em 1998).

38 Ilana Pinsky, psicóloga pela Universidade de São Paulo (USP), doutora em Psicologia Médica pela Universidade Federal de São Paulo (Unifesp), pós-doutora pelo Robert Wood Johnson Medical School, EUA.

e Cesar Pazinatto[39], e *Álcool e direção, beber ou dirigir*, de Sérgio Duailibi[40], Ilana Pinsky e Ronaldo Laranjeira[41]. O primeiro deles, um guia para pais e professores/as, apresenta esse assunto a partir de 28 perguntas e respostas, finalizando com um capítulo que sugere quinze atividades, de caráter preventivo, a serem realizadas nas escolas. O segundo, também um guia prático para educadores/as, profissionais da saúde e gestores/as de políticas públicas, aponta, dentre outros aspectos, as melhores intervenções como medidas preventivas quanto aos comportamentos de beber e dirigir.

Voltados aos/às adolescentes, o **Projeto Party Brasil: na Direção da Vida**, desde 2016, chama a atenção para o risco da ingestão de bebidas alcoólicas e dirigir veículos. Coordenado pela Empresa de Desenvolvimento Urbano e Social de Sorocaba (Urbes), conta com a parceria de várias instituições, dentre as quais, Polícia Militar, Concessionária CCR Viaoeste, Corpo de Bombeiros, Conjunto Hospitalar de Sorocaba (CHS), Faculdade de Ciências Médicas e da Saúde da PUC-SP/campus Sorocaba. Promovendo diversas ações e palestras, objetiva formar agentes multiplicadores (PESSOA, 2018, p.A4).

Em relação ao ensino superior, as ações foram e ainda são em número reduzido, apesar de a universidade não estar diante do **futuro motorista**, mas do **recém-habilitado/a**, na maior parte dos casos. No entanto, a preocupação em formar multiplicadores para atuar em segurança e educação para o trânsito tem norteado a criação de cursos de especialização sobre o assunto, em algumas universi-

---

39 Cesar Pazinatto, biólogo e educador, é especialista em dependência química pela Universidade de São Paulo (USP). Participou da implantação e desenvolvimento de programas de prevenção ao uso de drogas de diferentes colégios.
40 Sérgio Duailibi, médico do trabalho, doutor em Ciências da Saúde pela Universidade Federal de São Paulo (Unifesp) e pesquisador de políticas públicas do álcool e outras drogas da Unifesp.
41 Ronaldo Laranjeira, psiquiatra, Ph.D. em psiquiatria pela Universidade de Londres, professor livre-docente da Universidade Federal de São Paulo (Unifesp) e coordenador geral da unidade de pesquisa em álcool e drogas da Unifesp.

dades brasileiras, destacando-se, logo após a aprovação do CTB, a Universidade Católica Dom Bosco, em Campo Grande/MS e a Universidade Estadual de Campinas/SP, onde o curso foi denominado "Ciências do Trânsito"[42] (Unicamp, 2001, p.A2).

Nas Faculdades de Medicina de nosso país, as **Ligas de Emergência e Trauma**[43] dinamizaram sua atuação no desenvolvimento de ações preventivas, com a finalidade de diminuir os acidentes de trânsito e o trauma, em geral. São exemplos dessas ações, dentre muitos outros, os Congressos Brasileiros das Ligas do Trauma, as palestras sobre Segurança no Trânsito em escolas e em outras instituições, as pesquisas sobre estatísticas de trânsito e as publicações sobre essas temáticas.

O Programa **Vida Urgente**, do Instituto de Ortopedia e Traumatologia do Hospital das Clínicas da Faculdade de Medicina da USP, então coordenado pela Drª. Júlia Maria D'Andréa Greve, buscou focalizar o tema álcool e direção. Seus objetivos foram: prevenção de acidentes, redução da mortalidade, redução da morbidade e mudança no comportamento social (4º Congresso, 27 a 30 de outubro de 1999).

Necessário, ainda, mencionar o Programa da Fiat direcionado a universitários/as, denominado **Test Drive – Direção Segura**, iniciado em 2001, em quatro capitais brasileiras (Belo Horizonte, Porto Alegre, Rio de Janeiro e São Paulo), atingindo seis mil universitários (TRÂNSITO, 2001, p.19). Na parte teórica, os jovens

---

[42] O Curso de Especialização em Ciências do Trânsito, voltado à capacitação profissional, tanto na área de Engenharia como de Direito e de Educação, foi organizado porque a nova legislação de trânsito (CTB/97) prevê o tratamento do tema nos ensinos fundamental, médio e universitário.

[43] Tive oportunidade de acompanhar a atuação da Liga de Emergência e Trauma dos alunos/as dos cursos de Medicina e de Enfermagem da Faculdade de Ciências Médicas da Pontifícia Universidade Católica de São Paulo/campus Sorocaba, a partir de 1997, tendo como orientador o Prof. Dr. José Mauro da Silva Rodrigues, bem como de participar de alguns de seus eventos. Realizaram e realizam reunião semanal, estagiam no Resgate do Corpo de Bombeiros, promovem palestras em escolas e empresas, realizam pesquisas sobre uso do cinto de segurança, de telefone celular ao volante, participam de eventos relacionados ao tema da mobilidade humana, dentre outras ações.

receberam noções básicas de postura, tempo de reação, distâncias, freios, curvas, ultrapassagem e segurança ativa e passiva. A parte prática foi realizada ao lado de um instrutor, em um circuito delimitado, com sinalização adequada, sem grades e com vias de fuga para evitar colisão. Esse Programa foi elaborado depois que uma pesquisa da Seguradora Phoenix, realizada com 500 mil segurados, revelou que o número de ocorrências de trânsito é 70% mais frequente na faixa de idade compreendida entre 18 e 25 anos (FRANCO, 2001).

Com esse mesmo objetivo, a Companhia de Engenharia de Tráfego (CET) de São Paulo desenvolveu a **Campanha Mude o Mundo – Cidadania no Trânsito**, com o tema **Jovem Motorista**. O ex-piloto de Fórmula Indy, André Ribeiro, falou sobre segurança, solidariedade e respeito no trânsito[44]. Por sua vez, o Centro Educacional de Trânsito Honda (CETH), inaugurado em 1998, na cidade de Indaiatuba/SP, continua atuando com os objetivos de promover treinamento para frotistas e órgãos públicos, além de cursos de formação para instrutores. Posteriormente, outras unidades entraram em funcionamento em Recife (2006) e em Manaus (2013) (Centro, 2023).

A partir dessas iniciativas, outras ocorreram e continuam ocorrendo, coordenadas pelas Secretarias Municipais de Mobilidade, Detrans estaduais, concessionárias, companhias seguradoras e montadoras.

---

44 Essa equipe esteve presente na PUC-SP/campus Monte Alegre (Tucarena), em 4 de outubro de 2002, conversando com os universitários/as conforme pude observar, por estar presente.

CONSCIENTIZAÇÃO

Pelo exposto, é possível reconhecer que os números relativos às ocorrências de trânsito ainda continuam elevados, mesmo após 26 anos de vigência do atual Código de Trânsito Brasileiro, e apesar das Semanas Nacionais de Trânsito e dos variados Programas de Educação para o Trânsito já realizados ou em andamento. Talvez esteja faltando conhecer melhor as pessoas (principalmente os/as jovens) que conduzem essas máquinas, para repensar a metodologia a ser utilizada nesses programas:

- **O que pensam sobre automóveis e motocicletas?**
- **Quando e como evitam situações de risco?**
- **Como são afetados/as pela presença de outros veículos quando estão dirigindo?**
- **Como explicam o conflito entre o respeito às normas e as transgressões a elas?**
- **Como reagem quando seu carro é ultrapassado?**

Repito: conhecer o pensamento das pessoas sobre essas e outras questões afins poderá contribuir para ampliar a compreensão de fenômeno tão complexo e desenvolver Programas de Educação para o Trânsito mais eficazes.

Nesse sentido, o pensamento educacional de Paulo Freire[45], principalmente quando se refere ao desenvolvimento da consciência,

---

45 Paulo Reglus Neves Freire (1921-1997), pernambucano de Recife, sem dúvida, o educador brasileiro mais conhecido no exterior, pelo conjunto de sua obra pedagógica – ações e escritos – objetivando libertar as pessoas de toda espécie de opressão. Exilado em 1964, quando coordenava o Programa Nacional de Alfabetização, desenvolveu projetos e lecionou em várias universidades estrangeiras, retornando ao Brasil em 1979, quando aceitou convite para lecionar na PUC-SP (Programa de Estudos Pós-Graduados em Educação) e na Unicamp, função exercida até sua morte, em 2 de maio de 1997. Recebeu o título de Doutor *Honoris Causa* de várias universidades nacionais e estrangeiras. Seus livros, traduzidos para vários idiomas, estão presentes nos cinco continentes, sendo *Pedagogia do Oprimido* o mais conhecido dentre eles.

poderá ser de grande valia na compreensão desse fenômeno. Todos concordam que há necessidade de conscientizar as pessoas sobre as situações de trânsito. Mas o que é conscientização? Para Freire, a "tomada de consciência não é ainda conscientização, porque esta consiste no desenvolvimento crítico da tomada de consciência" (2001, p.26). "A conscientização é um ato de conhecimento, uma aproximação crítica da realidade" (2001, p.25) e implica que as pessoas assumam o papel de sujeitos que fazem e refazem o mundo.

Para esse educador, a conscientização é também um convite para as pessoas assumirem uma posição utópica frente ao mundo, não considerando o utópico como o impossível, o irrealizável, mas como um estado de coisas que não existe hoje (por exemplo, diminuição significativa das mortes no trânsito) e que poderá vir a existir no futuro. É **o possível não experimentado, o inédito viável**, na concepção freireana, são "atos de denunciar e anunciar, o ato de denunciar a estrutura desumanizante e de anunciar a estrutura humanizante" (2001, p.7). E não é exatamente isso o que se espera que aconteça no espaço compartilhado da circulação humana chamado trânsito?

Então é preciso fazer da conscientização o primeiro objetivo de toda educação para o trânsito, seja ela desenvolvida em família, escola, trabalho, igreja, em situação hospitalar, entre outros. Deixar de lado a **concepção bancária de educação**, caracterizada como prática de dominação, de decorar sem compreender, de reproduzir sem participar, e assumir a **educação problematizadora** ou **libertadora**, entendida como prática da liberdade (FREIRE, 1967), que "está fundamentada sobre a criatividade e estimula uma ação e uma reflexão verdadeiras sobre a realidade" (FREIRE, 2001, p.81). Na educação libertadora, educadores/as e educandos/as são considerados seres em devir, incompletos, inacabados, inconclusos, em uma realidade também inacabada.

Busquei outro apoio nessa tentativa de compreensão na teoria sobre identidade, de Antonio Ciampa[46] (1992; 1993), para quem o indivíduo não é algo, mas é aquela atividade que faz; o fazer é sempre atividade no mundo, em relação com outras pessoas. "É necessário vermos o indivíduo não mais isolado, como coisa imediata, senão como relação" (1993, p.137).

Considerando que a manifestação do ser é sempre uma atividade, a identidade vai adotando diferentes formas de predicações, como papéis, por exemplo. No entanto, no caso de duas pessoas, cuja atividade profissional é a mesma, ou seja, dirigir táxi, embora desempenhem o mesmo papel, podemos falar de duas personagens distintas, porque um papel designa uma personagem. A identidade assume, então, a forma personagem, e uma pessoa não comparece frente a outras apenas como portadora de um único papel, mas como representante de si mesma, com todas suas determinações que a tornam um indivíduo concreto. Somos autores/as e personagens, ao mesmo tempo. Identidade, então, também é diferença e igualdade. Apesar dos dois rapazes terem a mesma profissão, que é dirigir táxi, possuem identidades diferentes.

Mas Ciampa também explica que identidade é metamorfose e metamorfose é vida. Muitas vezes falamos das pessoas como se elas fossem sempre de um determinado modo e não se modificassem. Por esse motivo, quando determinamos a identidade, tendemos a utilizar proposições substantivas (Bruno é motorista), em lugar de proposições verbais (Bruno dirige carro). Nesse caso, a atividade coisifica-se sob forma de uma personagem que acaba por subsistir

---

[46] Antonio da Costa Ciampa (São Paulo, 1937-2022) foi professor no Programa de Estudos Pós-Graduados em Psicologia Social, na PUC-SP, e grande pesquisador de temas relacionados à identidade social. Formou-se em Psicologia, na PUC-SP, em 1968. Obteve o título de mestre em Psicologia Social (PUC-SP), em 1977, com dissertação intitulada *A identidade social e suas relações com a ideologia*. O título de doutor em Psicologia Social (PUC-SP) foi obtido em 1986, com a tese publicada em livro sob o título *A estória do Severino e a história da Severina* (CIAMPA, 1993).

independentemente da atividade que a originou e que deveria sustentar (Bruno não dirige mais porque conseguiu outro emprego, entretanto continua sendo motorista).

"Na verdade, a realidade sempre é movimento e transformação", como afirma Ciampa (1993, p.141). Diferença e igualdade, revelação e ocultamento, permanência e mudança, a identidade, para Ciampa, é "uma totalidade contraditória, múltipla e mutável, no entanto, una" (1992, p.61). Por mais contraditória e mutável que seja, a pessoa sabe que ela própria é que é assim, ou seja, é unidade de contrários, una na multiplicidade e na mudança.

A partir dos indicadores que foram sendo apontados no decorrer desta Introdução, o trânsito foi se constituindo, gradativamente, como uma situação social inserida em uma perspectiva psicoeducacional. É um espaço público e compartilhado, onde circulam pessoas, ora entrelaçando suas emoções, objetivos, enfrentando obstáculos comuns e demonstrando solidariedade, ora conflitando com seus pares, através de ações que denotam impaciência, vingança e violência.

A pesquisa que realizei (relatada nos capítulos 3 e 4) teve os objetivos de ampliar o conhecimento e a compreensão do pensamento dos/as jovens em situação de trânsito e, também, contribuir para a elaboração de Projetos de Educação para o Trânsito voltados a essa faixa etária, que possam resultar em redução de danos.

A opção pela **Entrevista Reflexiva realizada de maneira coletiva** (SZYMANSKI[47], 2000, p.199), detalhada no capítulo 3, deveu-se, dentre outros fatores, ao seu caráter de intervenção, uma vez que

---

[47] Heloisa Szymanski foi professora no Programa de Estudos Pós-Graduados em Educação: Psicologia da Educação, da PUC-SP, e coordenadora do Grupo de Pesquisa em Práticas Educativas e Atenção Psicoeducacional na Escola, Comunidade e Família. Obteve o título de doutora em 1987, na PUC-SP, com a tese *Um estudo sobre significado de família*.

uma escuta atenta e respeitosa possa efetivamente ser um momento de ajuda. Ainda mais uma escuta que promove o desenvolvimento da consciência a respeito de um tema importante na experiência do entrevistado.

Nessa modalidade de entrevista, o grupo entrevistado se transforma em grupo de reflexão sobre um assunto (neste caso, o trânsito), sendo a mudança de pensamento (conscientização) condição necessária e suficiente para a mudança de comportamento. O/a jovem que se conscientizou da possibilidade de provocar um grave acidente de trânsito ao jogar uma latinha de refrigerante pela janela de um ônibus em movimento, deixará de apresentar esse comportamento não somente porque lhe disseram que é proibido e pode resultar em multa, mas porque coloca em risco a vida de outras pessoas (além de poluir a via, evidentemente).

Fon, fon... lá vem o carro,
cadilaque, romiseta;
o tamanho não importa,
tudo mata, até lambreta!

AUTORIA DESCONHECIDA

Cantiga ensinada na Escola de Educação Infantil 'Mundo Novo', Sorocaba/SP, 1980.

CAPÍTULO I

COMPREENDENDO A CIRCULAÇÃO HUMANA

O que se entende por trânsito, circulação humana ou mobilidade humana? O exemplo a seguir pode facilitar nossa compreensão. Uma pessoa que reside em um bairro, trabalha em outro e estuda, à noite, em outro ainda, realiza, no mínimo, seis deslocamentos diários pela cidade, se for almoçar e jantar em sua casa. Os quatro primeiros deslocamentos, ela realiza com seu carro; à noite, utiliza uma perua escolar para ir e voltar da universidade. Essa mesma pessoa tem uma irmã que não trabalha fora de casa, estuda à noite em outra universidade, mas é encarregada de levar, diariamente, os dois irmãos menores à escola infantil, pela manhã, buscá-los na hora do almoço e levá-los às aulas de natação, ao final da tarde. Em cada um desses seis deslocamentos diários, cada uma delas percorre, no mínimo, dez quilômetros e encontra outras pessoas que também estão se deslocando, através da utilização de automóveis, bicicletas, motocicletas, ônibus, táxis, metrôs, caminhões ou mesmo enquanto pedestres. Multiplicando o número de deslocamentos diários de cada pessoa pelo número de habitantes de uma cidade, temos milhares ou milhões de deslocamentos realizados nessa cidade em apenas um dia! Esse conjunto de deslocamentos ou essa diversidade de movimentos característicos da circulação ou mobilidade humanas recebe o nome de trânsito.

De acordo com Eduardo Vasconcellos (1998, p.8)[48], engenheiro e sociólogo, estudioso desse assunto e autor de várias obras a respeito,

> o trânsito é, assim, o conjunto de todos os deslocamentos diários, feitos pelas calçadas e vias da cidade, e que aparece na rua na forma da movimentação geral de pedestres e veículos (p.11). Ele está diretamente ligado à atividade humana e ao seu deslocamento no espaço.

Esses deslocamentos ocorrem em um ambiente complexo e acabam por gerar conflitos diversos. O primeiro deles é o conflito físico, a disputa pelo espaço. Dois corpos não conseguem ocupar o mesmo espaço, simultaneamente. Por exemplo, uma única vaga no estacionamento coberto de um *shopping center*, em um dia chuvoso, só consegue abrigar um veículo. Os demais deverão estacionar na parte descoberta, onde, provavelmente, sobram vagas. No entanto, esse conflito físico pode originar conflito interpessoal, mais complexo do que esse primeiro, por ser conflito entre vontades e entre motivos: duas pessoas disputando a mesma vaga podem agir com hostilidade e violência, se cada uma sustentar que chegou antes e, portanto, tem direito a essa "recompensa"; mas poderão agir de modo diverso se foram educadas para a convivência humana, se aprenderam a compartilhar situações e tomar decisões a partir de uma prática dialógica, uma vez que a **consciência de si** é, também, **consciência do outro**, conforme pensamento freireano.

---

48   Eduardo Alcântara Vasconcellos (São Paulo/SP, 1952) é formado em Engenharia Civil pelo Mackenzie (São Paulo) e em Ciências Sociais pela Universidade de São Paulo (USP), onde também fez mestrado e doutorado em Ciência Política. Com bolsa da Fundação de Amparo à Pesquisa do Estado de São Paulo (Fapesp), fez pós-doutorado em Planejamento de Transportes na Universidade Cornell (EUA). Iniciou sua carreira profissional em 1976, na Companhia de Engenharia de Tráfego (CET), da Prefeitura de São Paulo. Atualmente é presidente da Comissão Técnica de Meio Ambiente da Associação Nacional de Transportes Públicos (ANTP). Seu livro *Mobilidade Urbana e Cidadania* (editora Senac) foi indicado para o prêmio Jabuti 2013.

Aponta Vasconcellos que as pessoas mudam de interesse ao longo de seus deslocamentos, também chamados de viagens: ora desejam **fluidez**, ora **segurança**, ora **acessibilidade**. Vejamos um exemplo: a filha que sai de casa com seu carro, e deve deixar sua mãe em um consultório médico antes de ir ao seu local de trabalho, deseja encontrar **fluidez**, ou seja, "facilidade de circulação no seu sentido mais amplo, de percorrer o espaço a uma velocidade razoável, com poucas interrupções em semáforos ou outros impedimentos". Mas, chegando ao consultório, deseja estacionar seu veículo o mais próximo possível da porta de entrada; nesse momento, está buscando **acessibilidade**, entendida como "a facilidade (ou dificuldade) com que os locais da cidade são atingidos pelas pessoas e mercadorias, medida pelo tempo e pelo custo envolvidos". No entanto, uma vez estacionado o veículo, a filha deseja que a mãe faça o pequeno percurso pela calçada, em **segurança**, isto é, "com uma pequena probabilidade de as pessoas se envolverem em acidentes". Retomando o percurso em direção ao seu local de trabalho, a filha deseja, novamente, fluidez. Lá chegando, almeja estacionar próximo ao saguão do elevador (acessibilidade) e atravessar o pátio do estacionamento, com segurança. E assim por diante (VASCONCELLOS, 1998, p.27-9).

Esse exemplo ajuda a compreender por que as pessoas não podem ser incluídas, permanentemente, nas categorias denominadas pedestres ou motoristas, como seres imutáveis, porque existem pessoas que ora são pedestres, ora motoristas, ora usuárias do transporte coletivo, ora ciclistas, e assim por diante. Vasconcellos (1998, p.19) conclui:

> Por todos esses motivos, [...] o trânsito é uma disputa pelo espaço físico, que reflete uma disputa pelo tempo e pelo acesso aos equipamentos urbanos; é uma negociação permanente do espaço, coletiva e conflituosa.

O trânsito, em alguns casos, também pode ser considerado espaço de vida, de cidadania, de democracia, de cordialidade. Mas, em grande parte das vezes, expressa disputa pelo poder do espaço, do tempo, da potência do motor e do valor do carro.

Refletindo sobre essa questão da fluidez, afirma Ivan Illich[49] (1975, p.33) que

> a máquina é uma contribuição positiva, quando o seu emprego conduz a expandir-se o raio de circulação para todos, multiplicando os destinos terminais, sem que por isso aumente a parte do tempo social dedicada à circulação.

Mas as situações que grande parte das pessoas está vivenciando, em cidades grandes e em muitas rodovias, é o fato de terem que se deslocar com cada vez mais lentidão, pelos mesmos trajetos monótonos que percorrem diariamente, entre a casa e o trabalho ou entre a casa e a escola, gastando, desse modo, cada vez mais tempo com tais deslocamentos. Essa condição pode intensificar estados emocionais negativos: frustração, preocupação, raiva, inconformismo, dentre outros.

E continua Illich:

> a deslocação [sic] em massa não é coisa nova; nova é a deslocação [sic] diária de massas de gente cobrindo distâncias que não se podem percorrer a pé; nova é a dependência para com o veículo destinado a fazer o trajeto diário de ida e volta. (1975, p.48)

Paradoxalmente, em muitas situações, afirmava ele há quase 50 anos, a indústria do transporte custa à sociedade mais tempo do que aquele que poupa, uma vez que "os paradoxos, contradições e frustrações da circulação contemporânea devem-se ao monopólio exercido pela indústria dos transportes sobre a circulação

---

49 Ivan Illich (Viena, 1926; Bremen, 2002), filósofo e pedagogo austríaco, foi crítico das incongruências da sociedade contemporânea. Recebeu influências dos pensamentos de Paulo Freire e Michel Foucault. Dentre suas obras, a mais conhecida é *Sociedade sem escolas* (Vozes, 1973).

das pessoas" (ILLICH, 1975, p.58). Por indústria dos transportes entende Illich uma apologia do uso de veículos movidos a motores mecânicos para o translado de pessoas e cargas, mesmo quando é possível e até mesmo recomendável o uso de força muscular (caminhar, usar bicicleta).

Sobre essa questão, relata Mário Sérgio Cortella[50] (2001) a seguinte situação:

> Imagine um ser humano (eu conheço gente assim; você, também) que, em nome da sua liberdade e da sua inteligência, é capaz de morar a dois quarteirões de uma padaria e de ir de carro até ela!
> Como é que um ser humano, em sã consciência, pega o elevador, sai do elevador com o rádio, desliga o alarme, põe o rádio no carro, abre o portão, sai, vai até a padaria, anda dois quarteirões, desliga de novo, tira o rádio, põe o alarme, entra, compra o pão, tira o alarme, põe o rádio, volta, abre o portão do prédio, desliga, sobe com tudo.
> Como é que alguém, em sã consciência, desloca duas toneladas de ferro para pegar cem gramas de pão? (muitos risos) E nós falamos em inteligência humana! Duas toneladas de ferro, você desloca por duzentos ou quatrocentos metros, tanto para ir quanto para voltar, para pegar cem gramas de pão. E chama isso de conforto? Ou diz que isso é fundamental! "Eu não consigo viver sem isso". A questão central na educação [...] passa pela compreensão do dia a dia, e passa, também, por olhar os valores que estão sendo colocados[51].

---

50 Mário Sérgio Cortella, filósofo, doutor em Educação (PUC-SP), pertenceu ao Departamento de Ciências da Religião (PUC-SP), lecionou no Programa de Estudos Pós-graduados em Educação, na PUC-SP. Autor de *A Escola e o conhecimento: fundamentos epistemológicos e políticos* (Cortez/IPF), foi secretário da Educação no Município de São Paulo, em 1991-92, e fez a mediação da série de debates **Diálogos Impertinentes**, realização conjunta da TV PUC, Sesc/Pompéia e Folha de S. Paulo, desde seu início, em 1995. Atualmente, além de palestrante, é comentarista do jornal da TV Cultura do estado de São Paulo.

51 CORTELLA, Mário Sérgio. **A Psicologia e a Educação para o Trânsito: desafios e perspectivas para a construção da cidadania.** Palestra proferida em 23 de novembro de 2001 (10h30), durante realização do Seminário Nacional Psicologia, Circulação Humana e Subjetividade, promovido pelo Conselho

Defensor convicto da reorganização do espaço de circulação em favor da locomoção de pessoas e não dos veículos, Illich considera a bicicleta, a máquina ideal para otimizar as condições para uma circulação ideal: não ocupa muito espaço, uma vez que no espaço ocupado por um automóvel cabem, em média, dezoito bicicletas; seu preço não é dispendioso, se comparado ao do carro; e permite a cada pessoa controlar o emprego de sua própria energia, uma vez que é um veículo movido a energia muscular (ILLICH, 1975, p.70-1)[52].

Entretanto, além desse aspecto relativo à negociação permanente pelo espaço, há um outro a considerar. Enquanto as pessoas estão conduzindo seus veículos ou andando a pé, elas estão, também, sentindo emoções, pensando em compromissos futuros, recordando ocorrências do passado, acenando para conhecidos, sorrindo ou tornando-se sérias, cedendo ou pedindo passagem para outro veículo e/ou pedestre, conversando com os/as acompanhantes, ouvindo música ou noticiário radiofônico. Isso quer dizer que, durante o tempo todo, as pessoas estão se comunicando e interagindo umas com as outras, podendo ficar atentas ou distraídas em relação às situações de trânsito. O/a motorista ao lado pode ser visto como um concorrente a disputar o espaço de circulação e/ou uma vaga no estacionamento. Ou como um amigo/a que cede a passagem.

Outro aspecto importante relativo a esse espaço de circulação humana chamado trânsito é o fato de o automóvel transportar, em média, uma pessoa e meia, enquanto os ônibus, em média, transportam 30 pessoas e, apesar disso, haver grande dificuldade em conscientizar os/as motoristas a deixarem seus veículos em casa e a

---

Federal de Psicologia (CFP), em conjunto com os Conselhos Regionais (CRP), nos dias 23 e 24 de novembro de 2001, em São Paulo/SP. Gravação e transcrição da palestra realizadas por esta autora.
52 A cidade de Londres (Inglaterra) está utilizando bicicletas-ambulâncias, pilotadas por paramédicos, para socorrer, mais rapidamente, doentes e acidentados. Estudos realizados para testar a eficácia do projeto atestam que elas conseguiram chegar antes da ambulância, em 88% das chamadas. E, em um terço dos casos, o paramédico ciclista resolveu o problema e pôde cancelar o pedido da ambulância (DRIBLANDO, 2002).

utilizarem o transporte coletivo. O fenômeno do congestionamento acentua o princípio de que "nossas cidades não são construídas para os pedestres (e muito menos para as crianças e idosos), senão para os automóveis" (VASCONCELLOS, 1998, p.72).

Essa adesão ao transporte coletivo seria mais fácil de acontecer se as condições em que ele ocorre fossem de melhor qualidade do que as atuais. Com essa afirmação não quero desmerecer todos os estudos e esforços que têm sido feitos pelo poder público, geralmente, em parceria com a iniciativa privada, para renovar a frota de ônibus, mantê-los limpos e revisados, ampliar os horários e melhor capacitar seus/suas condutores/as, como atestam as publicações da Associação Nacional de Transportes Públicos (ANTP, 1997), sobre Transporte Humano[53].

Quero lembrar, entretanto, que ainda há um enorme hiato entre a situação atual e a situação ideal por vários motivos:

1. grande número de ônibus, em cidades grandes ou pequenas, não está suficientemente limpo;
2. seus condutores brecam subitamente ou trafegam acima da velocidade permitida, em ruas e avenidas onde não há congestionamento;
3. não há lugar para todos/as viajarem sentados e, então, muitas pessoas são obrigadas a ficar em pé, procurando se equilibrar com o veículo em movimento e segurando-se em barras de ferro existentes no teto do ônibus;
4. para se locomover de um bairro a outro (na cidade de São Paulo, por exemplo), o passageiro deve, muitas vezes, andar dois ou mais quarteirões, de sua casa até o ponto de ônibus, tomar dois ônibus diferentes e andar mais dois quarteirões até seu local de trabalho; e repetir todos esses deslocamentos, no retorno, ao final do dia; o incômodo ainda pode aumentar se o dia estiver

---

53 Essa publicação oferece subsídios para a questão do transporte em cidades com qualidade de vida: desenvolvimento urbano e políticas de transporte e trânsito, função da prefeitura, gerenciamento dos recursos, demanda de transporte, infraestrutura e programas especiais.

chuvoso ou com sol escaldante, se a pessoa estiver transportando pacotes, se estiver anoitecendo (ampliando a preocupação com a segurança pessoal), ou outras situações adversas.

Diante dessa situação, grande parte dos habitantes de uma cidade prefere se locomover com seu próprio carro, suportando, em uma relação custo-benefício, o ônus do congestionamento e da lentidão, em troca de maior conforto. A não ser no caso do **usuário cativo**, que não tem possibilidade de opção. Regulamentar o transporte realizado por peruas, vans e micro-ônibus poderia ser uma alternativa de solução.

No entanto, a busca de solução para vários problemas relativos ao trânsito não é preocupação exclusiva de nosso país.

Laurindo Junqueira[54] (2000), outro estudioso do assunto, informa que havia 600 milhões de automóveis em nosso planeta e seis bilhões de pessoas. A indústria automobilística tem capacidade para produzir 70 milhões de veículos por ano, embora somente esteja produzindo 50 milhões. Sabendo-se que nascem cerca de 50 milhões de crianças por ano em nosso planeta, teoricamente, a indústria automobilística tem condição de produzir um carro para cada criança que nasce!

Considerando que a malha viária não aumenta nessa proporção, ao contrário, cresce muito pouco e, considerando que a "sedução" pelo transporte coletivo parece estar longe de ocorrer, algumas medidas para possibilitar a circulação de veículos e a diminuição da poluição atmosférica, nas grandes cidades (no Brasil e no exterior), estão sendo tomadas pelas autoridades de trânsito.

Dentre algumas **iniciativas estrangeiras**, podem ser citadas:

---

[54] Laurindo Martins Junqueira Filho é formado em Física Nuclear (USP), foi presidente da Companhia da Engenharia de Tráfego (CET) de Santos, Secretário de Trânsito de Campinas e começou a trabalhar no metrô de São Paulo, na década de 1970. Foi assessor técnico da Associação Nacional de Transportes Públicos (ANTP) e membro do Conselho Editorial da Revista dos Transportes Públicos (ISSN 0102-7212). Atualmente trabalha com serviços de consultoria.

1. A proibição de circulação de veículos particulares na Oxford Street[55] nos dias úteis, das 7h às 19h, desde 1998, e, também, cobrança de pedágio para quem for de carro na região central de Londres (Inglaterra), desde 17 de fevereiro de 2003, das 7h às 18h30, de segunda a sexta-feira; ônibus, táxis, motos, bicicletas, ambulâncias, veículos de transporte escolar, carros de portadores de deficiência física e viaturas policiais estão isentos (STAROBINAS, 2002, p.A11); o valor desse pedágio urbano foi de cinco libras por veículo, por dia, quando começou a vigorar, revertendo o valor arrecadado em investimentos em transporte público (LONDRES, VE[56], 2003, p.A13; PEDÁGIO, 2003, p.55); no primeiro dia, poucos protestaram e cinquenta mil veículos deixaram de circular no centro; quatro meses após a implantação dessa polêmica medida, o congestionamento caiu para 20%; vinte mil pessoas a mais aderiram ao transporte público; foram colocados trezentos ônibus a mais nos horários de pico e o atraso dos ônibus caiu pela metade (ABBOTT, 2003, p.A30); **esses resultados positivos foram fruto da conscientização do povo londrino, ou da sua punição?**
2. A ampliação das faixas exclusivas de transporte coletivo (táxis e ônibus), em algumas cidades, como em Paris (França) e em Santiago (Chile); objetivando aumentar a fluidez.
3. A instituição do rodízio de carros para controlar o congestionamento e/ou a emissão de poluentes causada pelos veículos (monóxido de carbono, hidrocarbonatos ou óxidos de nitrogênio), na cidade do México (México), dia sim, dia não, de acordo com a placa dos carros; em Santiago (Chile), o rodízio chega, em alguns períodos

---

55 Considerada a principal via de circulação do centro de Londres, seu congestionamento paralisaria o centro da cidade. Pude observar esse procedimento quando lá estive, em 1998, e, também, a adesão dos londrinos/as a essa determinação, utilizando somente ônibus, táxis, bicicletas e motos ou intensificando o uso do metrô.
56 A notação VE está sendo utilizada como abreviação do nome do jornal *Valor Econômico*.

do ano (de maior movimento e de concentração de poluentes), a impedir a circulação de veículos, considerando-se até seis diferentes números de final de placa, ou seja, 60% da frota da cidade[57].

4. A proibição de circulação de carro por um dia, em 158 cidades da França e da Itália, no dia 22 de setembro de 1999, mobilização organizada pelo governo contra a poluição, pelo transporte coletivo e por meios alternativos, como bicicletas, que atingiu o dobro de cidades em relação à primeira edição, ocorrida em 1998 (quando a concentração de poluentes diminuiu de 40% a 50% nas áreas fechadas ao tráfego, e o nível de ruído caiu de 50% a 75%) (SEREZA, 1999, p.1-15). A cidade francesa de La Rochelle, em 1997, foi a primeira a debater abertamente o tema transporte público. Em 1998, com ampliação do movimento, a então ministra francesa do Meio Ambiente propôs a países vizinhos e à União Europeia o evento **Na Cidade sem meu Carro**, no dia 22 de setembro, data da entrada do outono no hemisfério norte. Em 2000, mais de 14 países da União se envolveram com a campanha. Em 2001, 1.683 cidades europeias participaram desse evento. De lá para cá, esse movimento foi ampliado e fortalecido, constituindo a atual Semana Europeia da Mobilidade.

5. O desenvolvimento do carro elétrico, não poluente, por diferentes montadoras, de diferentes países, e sua utilização em substituição ao carro que utiliza combustível fóssil, embora seu custo ainda seja relativamente alto para grande parte dos/as consumidores.

6. A crescente utilização dos **veículos leves sobre trilhos** (VLT), que lembram o antigo bonde, em várias cidades europeias (não apenas nas capitais), por ser um modal com emissão zero de poluentes, movido à energia elétrica ou a biodiesel e circulando

---

[57] Essa medida extrema objetiva diminuir a poluição que paira sobre a cidade, situada entre duas cordilheiras (dos Andes e da Costa), que funcionam como verdadeiros paredões, conforme informações por mim obtidas, junto às autoridades de trânsito locais, em setembro de 2001.

ao nível das ruas, fator que facilita a acessibilidade; o VLT pode ser considerado um trem urbano limpo, rápido, sustentável e seguro, que leva quatro vezes mais pessoas do que um ônibus.

7. O incentivo ao uso da bicicleta como meio de transporte, por meio da construção de maior quilometragem de ciclovias. A bicicleta foi inventada pelo alemão Karl Von Drais, em 1817. Era de madeira, sem pedais, e foi denominada máquina de correr (*laufmaschine*). A primeira ciclovia surgiu em 1862, quando a prefeitura de Paris separou um espaço específico para bicicletas, para que elas não transitassem com carroças e charretes.

8. No entanto, foi a partir da segunda metade do século XX, com o crescente aumento da indústria automobilística e o início dos congestionamentos em cidades e estradas, causada pelo excesso de veículos, que a bicicleta passou a ser valorizada como modal alternativo nos deslocamentos para fins turísticos e de trabalho. Apenas para citar um exemplo, a Rede Europeia de Ciclovias (EuroVelo) inclui, atualmente, 17 rotas cicláveis de longa distância, que cruzam o continente europeu. O comprimento total dessas rotas ultrapassa os 90.000 km e atravessa 42 países. Podem ser usadas por cicloturistas, bem como pelos habitantes locais, nos seus deslocamentos diários. Outros dados interessantes podem ser encontrados em www.eurovelo.com

Com relação às **iniciativas brasileiras** objetivando ratificar as restrições ao uso do automóvel, podem ser incluídas as seguintes:

1. Realização das Jornadas Brasileiras, **Na Cidade sem meu Carro**, em sua 3ª edição, em julho de 2003, pelo Ministério do Meio Ambiente, em Brasília/DF, juntamente com o Ministério das Cidades e o Instituto da Mobilidade Sustentável Ruaviva, evento em que estiveram presentes ministros, parlamentares, repre-

sentantes do Departamento Nacional de Trânsito (Denatran) e de entidades civis. A iniciativa pretendeu mobilizar as cidades brasileiras para que, em 22 de setembro de 2003, restringissem o trânsito de automóveis em suas ruas centrais. Os objetivos dessa Jornada foram: refletir sobre os problemas causados por um modelo de mobilidade com base no automóvel; fomentar o uso racional e solidário dos carros; estimular o uso do transporte coletivo, da bicicleta e mesmo ressaltar o prazer e os benefícios de andar a pé. Nas Jornadas anteriores, 12 cidades participaram em 2001, e 25 municípios em 2002.

2. Promulgação, em julho de 2003, no estado de Santa Catarina, da Lei Estadual n. 12.641 que criou o **Dia Catarinense sem Carros**, seguindo tendência mundial e objetivando promover a conscientização da população sobre as consequências do uso excessivo do carro; o automóvel facilita a vida das pessoas, mas também acarreta problemas, como os acidentes de trânsito e os danos ao meio ambiente, porque aumenta o consumo de combustíveis fósseis e gera mais poluentes para a atmosfera, principalmente o gás carbônico (CO_2), que é um dos principais responsáveis pela intensificação do efeito estufa e o agravamento do aquecimento global.

3. Ampliação das faixas exclusivas de transporte coletivo (ônibus e táxis), em capitais e várias cidades brasileiras, apresentando tendência de crescimento.

4. Adoção do rodízio de carros, principalmente nas capitais brasileiras, objetivando diminuir o congestionamento e/ou emissão de poluentes; em São Paulo (capital), por exemplo, foi adotado a partir de dois finais de placa do carro, de segunda a sexta-feira, em horário de pico, ou seja, das 7h às 10h e das 17h às 20h.

5. Adoção do carro elétrico, não poluente, embora de maneira ainda tímida, em função do seu custo e de problemas relativos ao seu abastecimento, mas com tendência crescente.
6. Adoção dos **veículos leves sobre trilhos** (VLT), por suas vantagens, anteriormente descritas; a primeira Linha, de Crato a Juazeiro do Norte (Ceará), foi inaugurada em 2009; na baixada santista (estado de São Paulo), em 2015; no Rio de Janeiro, em 2016; e outras linhas estão sendo construídas.
7. Ampliação da quilometragem de ciclovias, objetivando incentivar uso da bicicleta como meio de transporte; atualmente, o Brasil possui cerca de 4.000 km de ciclovias e ciclofaixas, o que é muito pouco para um país de dimensões continentais; desse total, São Paulo (capital) possui 699 km, Brasília, 475 km, Rio de Janeiro, 450 km e Fortaleza, 411 km; mas o crescente número de atropelamentos de ciclistas não somente indica o número insuficiente de ciclovias, mas a utilização concomitante de ciclofaixas e ciclorrotas, menos seguras para os/as ciclistas[58].

Especialista no assunto, Vasconcellos (1998, p.112) conclui dizendo:

> o trânsito não é só uma questão "técnica", mas, também, uma questão social e política, que representa o movimento das pessoas no espaço urbano, numa sociedade capitalista de complexidade crescente

Daí,

---

58 **Ciclovia** é uma pista de uso exclusivo de bicicletas e outros ciclos, com separação física do tráfego de veículos automotores, enquanto na **ciclofaixa**, parte da pista de rolamento, calçada ou canteiro é destinada ao uso exclusivo dos ciclos, delimitada por sinalização específica, nem sempre respeitada por condutores/as de veículos automotores; na **ciclorrota**, por sua vez, há o compartilhamento de ruas entre veículos motorizados e bicicletas, somente nas ruas com velocidade máxima de 40 km/h.

> a necessidade de uma educação para o trânsito, no sentido de as pessoas — em qualquer posição que assumam na circulação — terem atitudes compatíveis com as necessidades de segurança de todos. (1998, p.89)

INTENSIFICANDO O ESTRESSE

Pode-se acrescentar que o trânsito é, também, uma questão psicológica pois, dentre outros aspectos (como os perceptivos e os motivacionais), ele pode se transformar em **estressor** externo, causando estresse em moradores de médias e grandes cidades e viajantes habituais. O termo estresse está sendo utilizado para definir a reação das pessoas a uma situação de muita tensão, enquanto a palavra **estressor** está sendo empregada para designar o evento que causou o estresse. Um estressor é qualquer "evento que confunda, amedronte ou emocione profundamente a pessoa", afirmam Marilda Lipp[59] e João Rocha[60] (1996, p.63). E continuam:

> Existem alguns eventos que são intrinsecamente estressantes, em virtude da sua natureza, tais como o frio ou o calor excessivos, a fome, a dor ou a morte de alguém querido. Outros eventos tornam-se estressantes em consequência da interpretação que damos a eles. (1996, p.64)

---

[59] Marilda Novaes Lipp é PhD em Psicologia pela George Washington University e pós-doutorada em estudos sobre os efeitos do estresse na pressão arterial pelo National Institute of Health (EUA). Foi professora titular do Departamento de Pós-Graduação em Psicologia Clínica da PUC-Campinas. É autora e coautora de 25 livros sobre estresse e mais de 100 artigos científicos sobre esse assunto.

[60] João Carlos Rocha, médico formado pela Escola Paulista de Medicina (1961), hoje, Universidade Federal de São Paulo (Unifesp). Obteve o título de *Research Fellow in Nephrology* na Washington University (EUA). Em 1979 criou o serviço multidisciplinar de hipertensão arterial no Hospital das Clínicas (Unicamp).

Esdras Vasconcellos[61] (apud LOPES, 2001), que participou de um estudo com sessenta motoristas, ressalta que a ocorrência mais frequente é o estresse causado pela urgência e pela impotência diante da situação.

Esdras Vasconcellos lembra que, introduzido pelo endocrinologista austríaco-canadense Hans Selye, em 1936,

> o stress caracteriza-se pela alteração fisiológica que se processa no organismo quando este se encontra em uma situação que requeira dele uma reação mais forte que aquela que corresponde à sua atividade orgânica normal.

Por ser considerado processo, continua:

> convém utilizarmos o termo "stressor" para designar o agente estimulante ou a situação que está desencadeando a excitação do organismo; a expressão "stress" para identificar o processo psicofisiológico em que ele se encontra e "reação de stress" para definir o comportamento que o organismo manifesta, decorrente do processo desenvolvido [...]. (VASCONCELLOS, 1998a, p.140)

Isso posto, não será difícil inferir que eventos como congestionamentos, comando policial, alagamentos, defeitos mecânicos e falta de troco nos postos de pedágio, entre muitos outros, podem ser considerados estressores externos para grande parte das pessoas que vivem impacientes e apressadas, quer pelas longas distâncias a cumprir, entre a casa, o trabalho, o comércio ou os locais de cultura

---

61 Esdras Guerreiro Vasconcellos é psicólogo e professor de pós-graduação do Departamento de Psicologia Social e do Trabalho do Instituto de Psicologia da USP; e também professor de pós-graduação em Psicologia Clínica e Psicossomática da PUC-SP. Realizou a graduação e o doutorado em Psicologia na Universidade Ludwig-Maxmilian de Munique (Alemanha).

e lazer, quer pela exposição a potenciais situações de perigo (assalto, sequestro, acidentes).

Esse sentimento de incapacidade diante dos problemas de trânsito pode fazer com que o motorista estressado/a passe a reagir de modo mais exacerbado do que o habitual. Muitas pessoas, normalmente calmas no dia a dia, transformam-se quando estão ao volante, gesticulando, gritando, falando palavrões, impedindo ultrapassagens, em uma verdadeira demonstração de hostilidade, intolerância e competitividade. "Se alguém me fecha, solto os cachorros", afirmou uma estudante universitária de 22 anos, considerada uma pessoa tranquila, pelos amigos, mas que esbraveja uma enxurrada de palavrões quando está dirigindo (LOPES, 2001, p.E1).

Esse fenômeno relacionado à violência no trânsito vem sendo chamado de **road rage** ou raiva ao volante ou, mesmo, direção agressiva. São motoristas que colam na traseira do carro, ultrapassam pela direita, costuram, dão fechadas, avançam no farol vermelho, trafegam pelo acostamento, xingam. Essas atitudes despertaram a atenção da National Highway Traffic Safety Administration (NHTSA), agência de segurança veicular do governo dos Estados Unidos, cujas pesquisas realizadas mostram que 42% dos motoristas norte-americanos já foram "atacados" pelo *road rage*, deixando para trás até o alto índice de alcoolizados ao volante (35%). "Apesar do problema ser bastante visível nas ruas e estradas brasileiras, não encontrei levantamento ou pesquisas publicadas em relação ao assunto" (SIMAGLIA, 2000, p.48).

O médico norte-americano Leon James[62] lembra que crianças que crescem vendo seus pais agirem dessa forma muito provavelmente acabam seguindo o exemplo. Pessoas geralmente calmas, amigas e educadas, ficam extremamente intolerantes e irresponsáveis quando se vêem ao volante.

---

62 Leon James foi professor de Psicologia na Universidade do Havaí e pesquisador da agressividade no trânsito, a partir dos anos 1990.

> Nesse caso, o carro não simboliza só conveniência e *status*, mas torna-se um objeto psicológico associado aos sentimentos e ao ego. Dependendo do humor do motorista, o veículo pode ser usado para o bem ou para o mal. (apud SIMAGLIA, 2000, p.49)

O condutor/a deixa de perceber que outro/a motorista está apenas ultrapassando o seu carro e não o seu ego, como afirma Heloisa Szymanski. Nessa situação, pode associar o ato de ultrapassar, ao sucesso e, o fato de ter sido ultrapassado, ao fracasso.

Osmar Santos[63] enumera algumas causas de raiva ao volante: o/a motorista não conhece o caminho e fica ansioso; tem problemas em casa ou no trabalho; há passageiros/as que o distraem ou aborrecem; encontra mau estado de conservação das estradas e ruas, falta de sinalização, buracos, pouca iluminação, congestionamentos. Afirma, também, que os congestionamentos aumentam a intolerância e ocasionam brigas fora do carro, provocando ferimentos e até mortes. "Se ficar retido no trânsito, respire fundo, coloque música relaxante e vá devagar", sugere (apud SIMAGLIA, 2000, p.49).

Os estudos sobre a influência da música como condição redutora de *estresse* estimulou o Centre International de Musicothérapie[64] da França, a produzir, em 1997, uma coleção de quatro CD's (e fitas cassetes) destinados à prevenção de acidentes (*La Prevention Routière*), intercalando músicas instrumentais suaves e inéditas com informações úteis ao condutor/a do veículo. Seus títulos são: **Dirigindo na cidade** (*Stop Stress*), **Dirigindo à noite** (*Stop Sommeil*), **Longos Percursos** (*Stop Fatigue*) e **Crianças no Carro** (*Special Enfant*),

---

63 Osmar de Almeida Santos, brasileiro, psiquiatra, residiu mais de 30 anos na Inglaterra, onde se especializou em estresse e as diferentes condições em que ele ocorre.

64 Tive oportunidade de visitar o Centro Internacional de Musicoterapia de Paris, em julho de 1998, e comprar esses CDs. Ouço, regularmente, quando dirijo na cidade de Sorocaba e sempre que me desloco para outras cidades, principalmente São Paulo, ou estou dirigindo com netos e netas no carro. Confesso que funciona!

que foi o mais vendido. Na França, esses CDs foram encontrados em lojas de departamentos, bem como no Centro Internacional de Musicoterapia, em Paris. Versão brasileira, com a mesma finalidade, foi encontrada sob o título **Relaxe no Trânsito**[65].

Na Austrália, o Programa chamado *Lifeline* (Linha da Vida), atende pessoas que se sentem infelizes ou nervosas antes de dirigir. Através do telefone, o/a motorista encontra sempre um voluntário/a disposto a ouvi-lo. A campanha pede aos motoristas que dirijam com calma e sejam amigos e cordiais no trânsito.

Daí, então, a necessidade de se contemplar essa dimensão psicológica do fenômeno, sem a qual se torna difícil, ou mesmo inviável, a adesão a programas de educação para o trânsito, com propostas de desenvolvimento da consciência, no espaço coletivo que é a circulação humana.

PRODUZINDO MEDO

Por outro lado, o medo de dirigir, fenômeno relativamente recente e em franca ascensão, pode ter surgido, muito provavelmente, em decorrência do conhecimento a respeito da violência no trânsito. Causar ou sofrer um acidente, conhecer alguém muito próximo que se machucou no trânsito ou presenciar um acidente com vítimas fatais podem acentuar o medo ao volante, mesmo para as pessoas que já são habilitadas e/ou proprietárias de veículo. Existem, no entanto, outros fatores que podem levar ao **medo de dirigir** e a diferentes **intensidades** do problema. Algumas pessoas não conseguem nem ficar sentadas no lugar do/a motorista; outras temem passar por pontes, túneis, ladeiras ou subidas íngremes. Há, ainda, quem tema dirigir na estrada ou no período noturno.

---

65 Esse CD foi comercializado no site www.azulrecords.com.br

É mais frequente as mulheres exteriorizarem esse medo de dirigir e buscarem apoio para superá-lo. "Em geral, o medo é um problema feminino; não é permitido ao homem sentir medo. Por isso, para ele, é mais difícil confessar", afirma Cecília Bellina[66] (apud HOLANDA, 1999, p.127). "Os homens têm vergonha de procurar ajuda", ratifica Salomão Rabinovich[67] (apud MEZAROBBA, 1996, p.100), que já estudou as causas de mais de 10 mil acidentes em 30 anos. A busca de caminhos para resolver o problema do **medo de dirigir** resultou, há mais de 20 anos, na publicação de duas obras: *Vença o Medo de Dirigir*, de Neuza Corassa[68] (2000), que aborda a falta de familiaridade com o carro; e *Dirigir sem Medo*, de Cecília Bellina (2001), que focaliza como o perfeccionismo, a baixa autoestima e a cobrança em excesso comprometem o desempenho do/a motorista.

Mas "não é só dar uma apostila e pronto. É preciso um trabalho psicodinâmico, individual, para que a pessoa adquira essa habilidade", diz o psicólogo Salomão Rabinovich (apud ABRAHÃO, 2001, p.E1) Depois do tratamento, os ganhos vão além da segurança no trânsito: a pessoa também ganha confiança no trabalho e na vida pessoal.

---

66 Cecília Bellina é psicóloga, com especialização em Psicologia Comportamental e Psicologia de Trânsito, ambas pela Universidade de São Paulo (USP). Criou um Centro de Treinamento que leva seu nome, no qual utiliza metodologia própria. É consultora do Instituto Nacional de Segurança de Trânsito (INST), com sede em São Paulo/SP.
67 Salomão Rabinovich, psicólogo, é diretor do Centro de Psicologia Aplicada ao Trânsito (Cepat), com sede em São Paulo/SP.
68 Neuza Corassa é psicóloga e atua em Curitiba/PR.

Sou um grande motorista
Sou um cara da pesada
Eu só bebo na estrada
Guiando meu caminhão.

Motorista de Caminhão

Tema musical do seriado Carga Pesada, da TV Globo (Anexo D)

Dupla Sertaneja: Leo Canhoto e Robertinho

CAPÍTULO 2

APRESENTANDO PESQUISAS NA ÁREA DE PSICOLOGIA NO TRÂNSITO

A questão do trânsito ou da circulação humana ou, ainda, da mobilidade humana, nas ciências sociais e na psicologia, em particular, tem sido estudada nas perspectivas comportamental e sistêmica e, desse modo, contribuído para a organização de Programas de Educação para o Trânsito no Brasil e no exterior.

Dois psicólogos holandeses figuram entre os pioneiros no desenvolvimento dessas pesquisas que tiveram início nos anos 1960: Reinier Rozestraten, radicado no Brasil, e Gerald Wilde, residente no Canadá (Anexo C2).

I – PERSPECTIVA COMPORTAMENTAL

Para Rozestraten, "todo trânsito supõe deslocamento de pessoas e veículos e todo deslocamento se realiza através de comportamentos". Então, "a Psicologia do Trânsito é o estudo dos comportamentos-deslocamentos no trânsito e de suas causas" (ROZESTRATEN, 1988, p.9). O objeto de estudo dessa área da Psicologia, em sentido amplo, são todos os comportamentos relacionados com o trânsito: dos usuários, das pessoas que constroem as vias e os veículos, das que elaboram as leis e das responsáveis pela fiscalização; em sentido restrito, são os comportamentos dos usuários: pedestres, motoristas, ciclistas, motociclistas.

Rozestraten afirma ainda que os estudos da Psicologia no Trânsito, em alguns países estrangeiros, somente tiveram início na década de 1960[69] (no Brasil, na década de 1980)[70]; indaga por que essa área da psicologia, apesar de tão abrangente, não foi estudada há mais tempo, e identifica alguns fatores que podem ajudar a explicar o pequeno interesse dos psicólogos/as por essa área de estudos, fundamental para a compreensão do comportamento humano:

1. a participação no trânsito não é vista como um trabalho em si, mas como atividade intermediária, temporária, pouco relevante, "entre" duas atividades mais importantes;
2. participar do trânsito **não resulta em nada de concreto**; o/a motorista apenas chegou a outro lugar;
3. Psicologia no Trânsito é **identificada como exame psicotécnico**, atividade rotineira, pouco criativa e pouco rendosa.

E conclui que "o psicólogo de trânsito, como novo profissional, terá que conquistar seu espaço, talvez a partir das universidades, mostrando que pesquisas psicológicas do trânsito podem fornecer dados importantes" (p.13).

Continuando suas reflexões, Rozestraten aponta três condições necessárias para que se produzam comportamentos adequados em situação de trânsito:

---

69 A Psicologia no Trânsito começou a se desenvolver na Inglaterra, Alemanha, Suíça, França, Holanda, Finlândia, Áustria, Austrália, Canadá, Estados Unidos e Japão, sob as denominações: *Traffic Psychology*, *Verkehrspsychologie*, *Psychologische Verkeerskunde*, *Psychologie de la Conduite* ou *Psychologie de la Circulation*.

70 O início do desenvolvimento da Psicologia no Trânsito, no Brasil, foi marcado pela realização de quatro congressos nacionais: em Porto Alegre (1982), Uberlândia (1983), São Paulo (1985) e Rio de Janeiro (1987).

1. estímulos nítidos (pouco ou nada ambíguos) que possam ser percebidos com facilidade (sinalização de trânsito vertical e horizontal, por exemplo);
2. organismos ou pessoas (sem deficiências sensoriais ou mentais) em condições de perceber e de reagir adequadamente a esses estímulos;
3. aprendizagem prévia dos sinais e das normas que devem ser seguidas, a fim de que essas pessoas se comportem adequadamente no complexo sistema do trânsito.

Explica ele que a análise desses fatores depende dos diferentes paradigmas coexistentes na ciência psicológica. O paradigma **behaviorista**[71] **restrito** (também denominado paradigma comportamental) considera o *stimulus*/estímulo (S ou E) ou a situação estimuladora como o fator determinante que provoca o comportamento ou resposta (R) aos vários estímulos ambientais. Quando a resposta for adequada, a satisfação sentida pelo sujeito funciona como reforço e tende a manter essa resposta.

Em situação de trânsito, lembra Rozestraten, os estímulos podem ser provenientes de quatro diferentes situações: a) do ambiente geral: céu, árvores, casas, *outdoor*, entre outros; b) do ambiente de trânsito: semáforos, placas de sinalização, sinais sonoros, entre outros; c) do próprio carro: ruídos do motor, indicadores de velocidade, combustível e temperatura, imagens dos retrovisores, entre outros; d) do próprio organismo: fadiga, sonolência, alcoolemia, fome, sede, dores em geral, entre outros. Em relação aos comportamentos ou respostas, nesse paradigma **S-R**, esse autor aponta: a) os comportamentos gerais, que não têm a ver diretamente com o trânsito: conversar com acompanhantes, ligar o equipamento de som, entre outros; b) os

---

[71] A palavra behaviorista tem origem no termo inglês *behavior*, que em português significa comportamento.

comportamentos direta ou indiretamente relacionados às situações de trânsito: dar seta, estacionar em lugar permitido, entre outros; c) comportamentos individuais sem finalidade ligada ao trânsito: sorrir, bocejar, tossir, entre outros (ROZESTRATEN, 1988, p.18).

No paradigma do **behaviorismo modificado**, prevalece o esquema **S-O-R** *(Stimulus–Organism–Reaction)* ou **E-O-R,** que quer dizer Estímulo-Organismo-Resposta. Woodworth postulava "que não é somente o estímulo que provoca e determina a resposta, mas que esta também é influenciada pelo organismo com toda sua experiência e aprendizagem anterior" (apud ROZESTRATEN, 1988, p.20). Por exemplo, a sinalização de solo indicando PARE é um estímulo que, dependendo do/a motorista, poderá resultar na resposta de parar (se estiver atento) ou de não parar (se estiver apressado e desatento). Então, em um experimento, o comportamento ou resposta (R) recebe o nome de **variável dependente**, pois depende de um ou mais estímulos (S) para ocorrer, que são as **variáveis independentes**. Entre os estímulos e a resposta está o organismo (O), que pode ser pessoa ou animal, contendo diversas **variáveis intervenientes**, tais como hábitos, condicionamentos, emoções, valores, entre outros.

Sobre a metodologia utilizada nas pesquisas realizadas pela Psicologia no Trânsito, Rozestraten lembra que não difere da utilizada em outras áreas da psicologia, na medida em que procura descobrir relações existentes entre estímulos ou variáveis independentes (VI) e comportamentos ou variáveis dependentes (VD). O grau de veracidade obtido depende de três fatores: o grau de controle obtido sobre a VI; a relação que o estímulo tem com a situação de trânsito; e o tamanho da amostra (número de pessoas pesquisadas) e sua adequação em relação ao problema pesquisado.

> As relações assim descobertas entre VI e VD são chamadas princípios, normas ou leis psicológicas, por exemplo: a legibilidade de uma placa de sinalização depende do

contraste da figura sobre o fundo, e este, por sua vez, depende da iluminação. (ROZESTRATEN, 1988, p.55)

Essas pesquisas são realizadas através da utilização de dois métodos: **observacional** e **experimental**. A observação (percepção atenta e dirigida em relação a algum problema a ser pesquisado) pode ser **natural** ou **sistemática**. No primeiro caso, o fenômeno é observado como ocorre: em uma esquina, por exemplo, há motoristas que usam o pisca-pisca (seta) e outros/as, não. As hipóteses decorrentes podem originar pesquisas através da **observação sistemática** ou da **experimentação**.

Na observação sistemática pode haver uso de instrumentos de registro físico das observações (fotos, gravações, filmagens, outros). Há laboratórios de pesquisa em Psicologia no Trânsito, informa Rozestraten, que dispõem de veículos equipados com diversos registros que permitem estudar determinadas reações fisiológicas que ocorrem em resposta a estímulos visuais e auditivos específicos.

O método experimental ou a experimentação, na abordagem da psicologia comportamental,

> é o método científico mais seguro. Um bom experimento tem base em uma certa quantidade de observações e reflexões e normalmente é montado para verificar uma hipótese, na qual se prevê a variação do comportamento (VD), em função de um ou mais estímulos (VI), manipulados pelo experimentador. (ROZESTRATEN, 1988, p.61-62)

A pesquisa realizada por Rozestraten no Departamento de Psicologia e Educação da Faculdade de Filosofia, Ciências e Letras da USP/campus Ribeirão Preto, sobre legibilidade ótima de placas de sinalização, possibilitou as seguintes conclusões:

1. em situação de laboratórios, a placa preferida foi de fundo preto e figura amarela reflexiva; em campo aberto, placas de fundo verde-silvestre ou azul não muito escuro, com letras brancas reflexivas;
2. a partir da utilização de 73 diferentes modelos de letras, através de projeção taquistoscópica[72], foi constatado ser o tipo de alfabeto usado pelo Departamento de Estradas e Rodagem (DER) do Estado de São Paulo, o mais legível;
3. quanto à distância horizontal entre letras e palavras e a distância vertical entre linhas, os espaços utilizados pelo DER/SP são bons para leitura a 5 metros, mas não a 40 metros;
4. em relação ao tamanho da letra e distância a que é legível, resultados mostraram a média de 73 metros para letras de 30 centímetros.

A partir de seus estudos e pesquisas sobre psicofísica e percepção humana, Rozestraten orientou muitos órgãos de trânsito sobre a melhor maneira de apresentar os estímulos (S), para serem mais bem visualizados por motoristas, motociclistas, ciclistas e pedestres. Ministrou cursos a pedido do DNER[73] (Departamento Nacional de Estradas de Rodagem), dos Detrans (Departamentos de Trânsito), de universidades e de empresas privadas, sobre os seguintes assuntos, dentre outros: sinalização vertical e horizontal; tamanhos, formatos e cores de letras e números utilizados em placas de trânsito; dimensões e cores de fundo das placas de trânsito: de regulamentação, de advertência e de informação; localização das placas de trânsito;

---

72 Taquitoscópio é um aparelho que projeta uma imagem por um curtíssimo período (fração de segundos); é um aparelho destinado a examinar a rapidez da percepção visual e a explorar o seu campo, em testes de atenção, percepção e aprendizagem.

73 O DNER foi uma autarquia federal brasileira, existente entre 1930 e 2001, vinculada ao Ministério do Transporte. Em seu lugar foram criados o DNIT (Departamento Nacional de Insfraestrutura de Transportes) também uma autarquia brasileira ligada ao Ministério da Infraestrutura, e a ANTT (Agência Nacional de Transportes Terrestres).

sinalização semafórica e outros sinais luminosos; sinais e avisos sonoros; apresentação taquistoscópica; direção defensiva/preventiva.

Em parceria com o então psicólogo do Detran/RS, Atico Dotta, Rozestraten reuniu todos esses conhecimentos no livro *Os sinais de trânsito e o comportamento seguro*, sendo o capítulo 9 dedicado ao tema da direção defensiva: o que é e o que faz pela segurança.

Nos últimos 12 anos de sua vida, Rozestraten (1924-2008) direcionou seu foco de estudos e pesquisas para a temática da Educação para o Trânsito, fundamentado na teoria construtivista[74] do psicólogo e educador suíço Jean Piaget. Publicou, então, em 1997, a obra *Paz no trânsito* (citada na Introdução deste livro), onde concentrou o curso que ministrou para agentes multiplicadores de Educação para o Trânsito, em Belém, no Pará.

Em 2004, foi a vez de publicar *Psicopedagogia do trânsito*, pela editora da Universidade Católica Dom Bosco (Campo Grande/MS), obra em que ele discute a necessidade da educação para o trânsito por meio do ensino transversal de trânsito, uma vez que cada um dos aspectos relativos a ele pode ser estudado de maneira simultânea e complementar, pelas diferentes disciplinas escolares. Por exemplo, a bicicleta pode se transformar em conteúdo escolar estudado em História, pesquisando-se os dados históricos dessa invenção; em Matemática, pelo levantamento da quilometragem de ciclovias já construídas e em construção; em Ciências, abordando a questão dos veículos poluentes e não poluentes e consequências para a saúde das pessoas; em Geografia, localizando geograficamente os países em que ocorrem maratonas ciclistas, e assim por diante.

Por último, temos em 2005, também pela editora da Universidade Católica Dom Bosco, a coleção denominada "Educando para

---

74 Construtivismo é uma teoria psicológica que considera o conhecimento, não como algo estático e acabado, mas, ao contrário, como processo constantemente construído. A educação deve, então, criar métodos ativos que possibilitem essa construção.

o trânsito", em oito volumes, um para cada série do ensino fundamental, em que Rozestraten enfatiza a educação para o trânsito por intermédio do ensino transversal, relacionando e exemplificando fartamente aspectos do trânsito com o ensino de Língua Portuguesa, Matemática, História, Geografia, Ciências e Saúde, Educação Artística, Educação Física, Música, Educação Religiosa e Inglês.

2 – PERSPECTIVA SISTÊMICA: HOMEOSTASE DO RISCO

As pesquisas sobre percepção do risco que motoristas e pedestres podem apresentar tiveram início nos Estados Unidos e no Canadá, no final da década de 1960.

Estudo de Chauncey Starr, em 1969 (apud MACGREGOR; SLOVIC, 1999, p.51) revelou que o nível de risco que as pessoas estão inclinadas a aceitar para as atividades que vêem como **voluntárias** (por exemplo, esquiar, andar de patinetes, jogar futebol) é, aproximadamente, mil vezes maior do que os riscos que elas vêem como **involuntárias** (por exemplo, aditivos na comida), assumindo o mesmo nível de benefício. Esse trabalho contribuiu para a compreensão dos julgamentos e das percepções do risco das pessoas e das diferenças fundamentais existentes entre as percepções do risco de leigos e especialistas. Estudos mais recentes, realizados por psicólogos/as interessados nas questões relativas à segurança no trânsito, ratificam os resultados obtidos por Starr: **o risco aceitável seria maior para riscos voluntários do que para involuntários.**

O estudo de Paul Slovic, em 1987 (apud MACGREGOR; SLOVIC, 1999, p.52-3), possibilitou demonstrar, graficamente, um espaço de fatores contendo 81 perigos. A posição que o perigo denominado "acidentes automobilísticos" ocupou nesse espaço indica que a **atividade caracterizada pela condução de veículos automotores foi considerada um risco relativamente controlável, não particular-**

mente temeroso e bastante familiar, isto é, um risco conhecido das pessoas expostas a ele. É exatamente esse tipo de percepção que inibe a capacidade de as pessoas avaliarem esses riscos. Quando os/as motoristas tendem a perceber a condução de um veículo automotor como sendo uma atividade que está sob seu controle, esse fato também pode levá-los/as a minimizar os perigos do ato de dirigir.

Outros estudos, como os de Treat e colaboradores, em 1980 (apud MACGREGOR; SLOVIC, 1999, p.54), constataram grande discrepância entre os riscos percebidos e os dados do acidente, que ocorreu no sistema de comunicação dos veículos. O chamado **sistema de comunicação** vem a ser os componentes utilizados para comunicação entre os/as motoristas e incluem setas de direção, faróis, luzes indicadoras, luzes de freio, vitrificação das janelas e buzina. Geralmente, os/as motoristas subestimam o papel desses componentes nas causas de acidentes. Essa descoberta sugere uma tendência de atitude com relação a *ver*, em vez de *ser visto*.

Estudos realizados constataram que as percepções do risco são influenciadas pela percepção de benefício. As pesquisas revelaram que a aceitabilidade do risco está correlacionada à percepção de benefício: tecnologias e seus riscos são percebidas como mais aceitáveis na medida em que fornecem maiores benefícios. Finucane e colaboradores (apud MACGREGOR; SLOVIC, 1999, p.55) descobriram que dar às pessoas informações sobre os benefícios de uma atividade ou tecnologia contribuía para depreciar sua percepção com relação a esse risco.

Muitas medidas que poderiam ser tomadas para aumentar a segurança no tráfego acarretam diminuição dos benefícios. Por exemplo, diminuir o limite máximo de velocidade em uma estrada e instalar maior quantidade de controladores de tráfego, podem, muito provavelmente, diminuir o número e a gravidade dos acidentes, mas também podem acarretar um maior tempo de viagem, com transtornos aos/às motoristas. Considerando os grandes benefícios do ato de dirigir, essas medidas para redução dos riscos **podem ser vistas mais em** termos de perda de benefícios do que como ganho de segurança (MACGREGOR; SLOVIC, 1999, p.55).

Foi exatamente o que ocorreu quando Fernando Haddad, prefeito de São Paulo, tomou corajosas medidas objetivando a redução das velocidades máximas nas marginais dos rios Tietê e Pinheiros, a partir de julho de 2015, porque a redução desses limites é consenso mundial para aumentar a segurança e melhorar o fluxo. Um ano após, houve redução de 52% de acidentes fatais, segundo dados da Companhia de Engenharia de Tráfego (CET): de julho/2014 a julho/2015, ocorreram 64 acidentes com mortes, contra 31 ocorridos entre julho/2015 e julho/2016. Nesse mesmo período, na Marginal Tietê os atropelamentos zeraram, e na Marginal Pinheiros ocorreu um atropelamento com morte, contra sete, no período anterior (BERGAMIM JR; SCOLESE, 2016). Na gestão seguinte, do prefeito João Doria, as velocidades máximas voltaram aos patamares anteriores, contrariando recomendação de especialistas em segurança de trânsito e estudos internacionais, e os números de acidentes e de mortes voltaram a subir. De janeiro de 2017 a outubro desse mesmo ano, ao menos 27 pessoas perderam a vida nessas duas marginais (LOBEL, 2017). Defensores dessas medidas apontaram outros fatores como sendo os responsáveis por esse aumento, mas especialistas na área sustentaram que o principal deles foi o aumento das velocidades máximas.

A maioria dos condutores/as de veículos automotores tende a sofrer de um otimismo exagerado, geralmente evidenciado por uma tendência a se avaliar como melhores do que o motorista médio ou a se considerar com menor probabilidade de se envolver em acidente. **No entanto, para os/as motoristas tomarem medidas que poderão melhorar a sua segurança, eles/as devem, em primeiro lugar, reconhecer a sua necessidade.**

Outra fonte de riscos se refere às leis da física e seu relacionamento com o ato de dirigir. Os automóveis têm peso e massa e seu movimento representa grandes energias armazenadas. Embora as leis da física pelas quais essas energias são acumuladas, armazenadas e transferidas, sejam bem conhecidas pela ciência, elas não são, necessariamente, bem entendidas pelos/as motoristas. Muitos deles/as consideram que serão capazes de segurar uma pessoa sentada no assento do passageiro (como uma criança, por exemplo), durante uma parada brusca, simplesmente colocando seu braço na sua frente. Os erros dos/as motoristas em avaliar essas realidades físicas podem, provavelmente, levá-los a não adotar medidas de segurança, tais como usar o cinto de segurança ou colocar uma criança em uma cadeira apropriada, no banco traseiro do carro.

O risco é experimentado em um contexto cultural e, por esse motivo, tem significados diferentes para pessoas diferentes, uma vez que os valores culturais pesam muito nas definições de risco. Por exemplo, pessoas naturais de Hong Kong bebem moderadamente (ao contrário de muitos brasileiros/as), portanto, nessa localidade, as bebidas alcoólicas são vistas como menos perigosas.

Em termos de percepção do risco durante o ato de dirigir, Dejoy, em estudo realizado em 1992 (apud MACGREGOR; SLOVIC, 1999, p.57), constatou que os homens eram mais inclinados a exagerar sobre sua competência na direção do que as mulheres, e tendiam a perceber menos riscos ao longo de uma série de situações que ocorrem quando se está dirigindo. Estudos e registros realizados no Brasil ratificam essa constatação, havendo acentuados descontos oferecidos pelas companhias seguradoras quando a principal condutora do veículo é mulher, acima de 35 anos.

Criar uma orientação de segurança no trânsito em uma cultura, postulam Macgregor e Slovic (1999, p.58), depende, fundamentalmente, de pesquisa. Nos Estados Unidos, a pesquisa relacionada ao risco tem se beneficiado da participação de vários cientistas, universidades, agências do governo e empresas particulares, há mais de 40 anos. Os resultados dessas parcerias são evidentes, na orientação cultural com relação ao risco e sua administração.

A percepção do risco também vem sendo pesquisada por Gerald Wilde, desde os anos 1960, autor da *Teoria da homeostase do risco*, que postula que:

> em qualquer atividade, as pessoas apresentam um certo nível de subjetividade na estimativa de risco para sua saúde, segurança e outras situações que valorizam, em troca de benefícios que desejam receber dessas atividades (condução, trabalho, comida, bebida, uso de drogas, recreação, romance, esportes ou outros tipo de benefício). (WILDE, 1994, p.5)

Para Wilde (1994, p.32), **assumir um risco** significa expor-se a uma potencial perda, embora haja, também, um "benefício" nessa situação. Por exemplo, dirigir ultrapassando o limite de velocidade permitido para uma determinada rodovia pode fazer o condutor/a do veículo chegar mais cedo em sua casa. Mas poderá significar, também, uma multa pesada, uma colisão, ferimentos e até a própria morte. Então, o **risco pretendido** (*target risk*) vem a ser o nível de risco que uma pessoa aceita correr, a fim de maximizar o benefício geral esperado de uma atividade. Para esse pesquisador, o nível pretendido de risco de acidente é determinado por quatro categorias de fatores de motivação (ou utilidade subjetiva), a saber:

1. os benefícios esperados das alternativas de comportamento comparativamente arriscado: por exemplo, ganhar tempo correndo mais do que o permitido; fazer uma manobra mais arriscada para quebrar a monotonia;
2. os custos esperados das alternativas de comportamento comparativamente arriscado: por exemplo, gastos com conserto do carro; aumento no custo do seguro devido à culpa em acidente anterior;

3. os benefícios esperados das alternativas de comportamento comparativamente seguro: por exemplo, desconto no seguro do carro por direção sem acidentes;
4. os custos esperados das alternativas de comportamento comparativamente seguro: por exemplo, uso de cinto de segurança desconfortável ou ser chamado de bobo pelos colegas.

Alguns fatores de motivação nas quatro categorias citadas são de natureza econômica; outros são de natureza cultural, social e psicológica. Normalmente eles são tão internalizados que a maior parte das pessoas não está consciente da sua existência.

A expressão **nível pretendido de risco** não deve ser compreendida como indicativo de que a pessoa está buscando um determinado risco pretendido em si mesmo. Risco pretendido não quer dizer risco pelo risco em si. **O nível pretendido de risco de acidente de trânsito de uma pessoa é definido como o nível de risco subjetivo de acidente, e acredita-se ser a diferença entre custos e benefícios**. Podem existir casos em que o risco é buscado, deliberadamente, mas a maior parte dos riscos que as pessoas correm são aceitos mais passivamente, como consequência inevitável de sua escolha. Qualquer pessoa que vai para a rua ou estrada sabe que pode sofrer um acidente, seja devido ao seu próprio comportamento ou devido ao comportamento de outras pessoas, que são imprevisíveis e totalmente fora do controle. A aceitação passiva do risco é típica quando se viaja por meio de transporte público. Qualquer pessoa que decida entrar em um avião, trem, metrô, ônibus ou navio, como passageiro/a, está tomando uma decisão arriscada antes do ato de embarcar. Essa pessoa não tem o menor controle do que acontecerá em seguida. Assim, o nível subjetivo de risco pode ser considerado no sentido de **preferido ou desejado,** mas, em outros casos, ele pode ser melhor descrito como **aceito ou tolerado.**

É interessante observar que Walter Cannon, em 1929, no artigo onde ele esboçou, pela primeira vez, o seu conceito de **homeostase**, salientou que mesmo as variáveis mais rigidamente controladas podem oscilar. E definiu homeostase como o processo que regula uma variável fisiológica dentro de certos limites, mas que a variável pode oscilar entre esses limites, e que os limites, eles mesmos, podem mudar em resposta a uma necessidade especial. **Portanto, homeostase é um processo, não um resultado, e muito menos um resultado invariável.**

O risco subjetivo de acidente deve ser entendido como uma noção mais global que representa o grau de perigo sentido pela pessoa. As pessoas tomam consciência dessas condições quando alguém as questiona sobre elas ou quando elas sofrem mudanças repentinas. Na maior parte das vezes, o risco é apenas uma preocupação remota na vida das pessoas, segundo Wilde (1994, p.40).

O nível de risco de acidente de trânsito percebido pela pessoa, em qualquer momento, ainda de acordo com Wilde, deriva de três fatores:

1. **As experiências passadas** da pessoa com o trânsito, que incluem uma grande variedade de acontecimentos anteriores: ocorrências que causaram medo, conflitos no trânsito, quase-acidentes; ter presenciado acidentes com outras pessoas; conversas sobre acidentes; reportagens e estatísticas sobre acidentes apresentadas pela mídia. Essas experiências deixam no condutor/a uma impressão generalizada do grau de risco das ruas e estradas.
2. A avaliação que a pessoa faz do **potencial para acidente da situação imediata**, que inclui as características físicas do ambiente das estradas (clima, estado de conservação das vias, sinalização); a velocidade do/a motorista e direção; os trajetos e velocidades de outros usuários/as das estradas.

3. **O grau de confiança** que a pessoa tem na sua capacidade de tomar decisões e habilidade de lidar com o veículo para enfrentar a situação. O nível percebido de risco será relativamente baixo se a pessoa estiver confiante de possuir as habilidades necessárias para enfrentar, e alto, no caso de a pessoa duvidar de tais habilidades.

O nível percebido de risco acarreta ações corretivas, sendo algumas de **efeito imediato**, em relação à segurança (mudar o trajeto, diminuir a velocidade, acender faróis, colocar o cinto de segurança, aumentar a distância entre os veículos, entre outras) e, outras, de **efeito a longo prazo** (escolha do tipo de veículo ou de transporte, do trajeto a ser percorrido, por exemplo).

Por outro lado, também de acordo com Wilde , existem três tipos de capacidade que afetam o nível de risco percebido e as ações: **capacidade perceptiva, capacidade de tomar decisões** e **capacidade de lidar com o veículo**. A capacidade perceptiva determina até que ponto o risco percebido subjetivamente pela pessoa corresponde ao risco objetivo. A capacidade perceptiva inclui a capacidade de avaliar corretamente o próprio nível de tomada de decisão e a habilidade em lidar com o veículo. Isso implica que as pessoas com maior capacidade de decisão e melhor habilidade em lidar com o veículo podem estar correndo um risco maior de acidente do que as demais, se superestimarem suas capacidades. Wilde termina dizendo que o nível de desempenho de direção pode ser melhorado, através da educação para o trânsito e de um ambiente ergonomicamente projetado para reduzir o erro humano, como controles e dispositivos no projeto de veículos, geometria das estradas e sinalização no trânsito.

A ideia de que os índices de acidentes podem ser entendidos como o resultado de um processo autocontrolador de *feedback* ocorreu pela primeira vez há, aproximadamente, 60 anos, quando Wilde leu um artigo intrigante sobre um trabalho realizado pelo psicólogo britânico

Donald H. Taylor, que foi de suma importância para a elaboração de sua **Teoria sobre a Homeostase do Risco.**

Donald Taylor (apud WILDE, 1994, p.18) instruiu uma amostra de 20 motoristas a seguir uma determinada rota que incluía Windsor e a fronteira ocidental de Londres. Essa rota passava por inúmeros tipos de vias: ruas comerciais urbanas, áreas residenciais de subúrbio, estradas cheias de curvas do interior e uma rodovia de quatro pistas de rolamento. Os motoristas usavam um equipamento que media as mudanças na resistência elétrica de sua pele. Considerando que a ansiedade faz aumentar a transpiração e, esta, por sua vez, aumenta a condutividade elétrica da pele, o equipamento utilizado pelos motoristas media a Resposta Galvânica da Pele (RGP), assim chamada em homenagem ao seu descobridor, Luigi Galvani.

A construção de autoestradas de quatro vias levou à redução do índice de mortes por quilômetro rodado, mas a um aumento da taxa de mortes no trânsito *per capita* da população. Em um esforço de explicar essas e outras observações do comportamento dos motoristas, foi desenvolvida a **Teoria da Homeostase do Risco.** A homeostase do risco significa que o nível de precaução exercido pela coletividade dos usuários das estradas depende do nível de risco de acidente percebido (que é uma função do risco de acidente real) e que o nível real de risco de acidente depende do nível de precaução.

A homeostase do risco coloca a **motivação humana**, não a habilidade e nem o projeto ambiental, no centro da dinâmica das causas de acidentes. Melhorias em fatores não motivacionais podem ser usadas com o objetivo de reduzir o número de acidentes por quilômetro rodado, mas não conseguem produzir maior segurança por unidade de tempo de uso de estradas e *per capita*. O risco real ocorrido nas estradas é um reflexo direto da quantidade de risco que, coletivamente, a população está disposta a aceitar.

3 – DESENVOLVIMENTO DE CONSCIÊNCIA

A essas duas importantes perspectivas teóricas que têm norteado as pesquisas sobre Psicologia no Trânsito, a partir da metade do século XX, quero acrescentar, como contribuição, uma terceira, que vem sendo chamada de **desenvolvimento de consciência,** cuja elaboração teve início nos anos 1960 pelo educador brasileiro Paulo Freire.

Postula Paulo Freire que a realidade, em um primeiro momento, não se dá às pessoas como objeto cognoscível (objeto do conhecimento) por sua consciência crítica. Em outras palavras, na aproximação espontânea que as pessoas fazem do mundo, "a posição normal fundamental não é uma posição crítica, mas uma posição ingênua" (FREIRE, 2001, p.26). Então, nesse nível espontâneo, as pessoas vivenciam a realidade em que estão inseridas e dela não se distanciam para objetivá-la, a fim de conhecê-la de maneira crítica. A principal característica dessa **consciência semi-intransitiva**, conforme a denomina Freire, "é sua 'quase-aderência' à realidade objetiva ou sua 'quase-imersão' na realidade" (FREIRE, 2001, p.67). Essa primeira tomada de consciência não pode ser considerada **conscientização**, posto que vem a ser o desenvolvimento crítico da tomada de consciência.

A conscientização, continua Freire, "implica, pois, que ultrapassamos a esfera espontânea da apreensão da realidade, para chegarmos a uma esfera crítica na qual a realidade se dá como objeto cognoscível" (p.26), na qual as pessoas assumem posição epistemológica (de busca do conhecimento). Assim compreendida, a conscientização é um teste de realidade que não pode existir fora da práxis, isto é, sem o binômio ação-reflexão; é, também, consciência histórica, e a inserção crítica na história implica que as pessoas assumam o papel de sujeitos que fazem e refazem o mundo; de protagonistas, em lugar de espectadores.

Entendida como processo, a conscientização não finda nunca, pois uma nova realidade se transforma em novo objeto cognoscível de uma nova reflexão crítica. É, também, um convite para as pessoas assumirem uma posição **utópica** frente ao mundo, como foi colocado na Introdução deste livro, não considerando o utópico como o impossível, o irrealizável, mas sim como um estado de coisas que não existe hoje, mas que poderá vir a existir no futuro. É o **possível não experimentado**, o **inédito viável**, na concepção freireana, "a dialetização dos atos de denunciar e anunciar, o ato de denunciar a estrutura desumanizante e de anunciar a estrutura humanizante" (2001, p.27). Por exemplo, denunciar as condições quase intransitáveis de algumas rodovias brasileiras e anunciar as suas obras de recuperação; denunciar a corrupção existente na obtenção da Carteira Nacional de Habilitação (CNH) e anunciar a adoção de procedimentos éticos em relação a essa obtenção; denunciar os contraexemplos fornecidos por alguns Centros de Formação de Condutores (as então chamadas autoescolas) e anunciar a correção dessa situação.

A conscientização, gerando o distanciamento da realidade para conhecê-la através da reflexão crítica, propiciando uma posição utópica diante do mundo, produz, em consequência, a **desmitologização** que "desvela" a realidade a fim de conhecer os mitos que enganam as pessoas e que contribuem para a manutenção da estrutura desumanizante.

A **utopia** resulta da consciência do inacabamento, uma vez que somos seres inacabados, inconclusos, incompletos e, como lembra Freire (1997, p.64), "a consciência do mundo e a consciência de si como ser inacabado necessariamente inscrevem o ser consciente de sua inconclusão num permanente movimento de busca". Busca que se alicerça na **esperança**, mas não a esperança de quem apenas espera, de quem fica de braços cruzados, esperando as coisas se modificarem, não a "espera pura, que vira, assim, espera vã" (FREIRE, 1992, p.11) e pode até causar a desesperança, mas a **esperança crítica**, ancorada na prática e na reflexão sobre ela. Assim, tomadas pela esperança crítica, as pessoas sabem que as coisas podem até piorar, mas também sabem que é possível intervir para melhorá-las. É atuando que mulheres e homens transformam anteprojetos em projetos, seja em situação de trânsito ou em outras situações.

Voltando seu olhar para a educação, Freire postula que "*é na inconclusão do ser, que se sabe como tal, que se funda a educação como processo permanente*" (1997, p.64). Não na **concepção bancária de educação,** marcada pela prática de dominação, da transferência mecânica dos conhecimentos, onde os educadores e as educadoras são os únicos que pensam, enquanto os educandos e as educandas são pensados, mas na **educação libertadora** ou **problematizadora**, entendida como prática de liberdade (FREIRE, 1967), que não é um esforço de adestramento para adaptar as pessoas à realidade, mas, ao contrário, é um contínuo exercício de ação e reflexão sobre a ação, intervindo na realidade para transformá-la. Ensinar, sob essa ótica, é criar possibilidades para a produção ou construção do conhecimento, é fazer da **dialogicidade** a essência das práticas educativas. O diálogo é um encontro de pessoas para **ser mais**, que somente pode ocorrer em uma relação interpessoal horizontal, em que a confiança de uma pessoa (ou grupo de pessoas) na outra (ou em outro grupo de pessoas) é consequência óbvia. "Somente o diálogo, que implica em um pensar crítico, é capaz, também, de gerá-lo", conclui Freire (2003, p.83).

"Como experiência especificamente humana, a educação é uma forma de intervenção no mundo", afirma Freire (1997, p.110), chamando a atenção logo em seguida para o compromisso dos educadores/as com o desenvolvimento da consciência crítica dos educandos/as, uma vez que "a promoção da ingenuidade para a criticidade não se dá automaticamente" (1997, p.35). Daí ser uma das tarefas da prática educativa libertadora, embasada no permanente diálogo entre educandos/as e educadores/as, o desenvolvimento da curiosidade crítica, insatisfeita, em busca do ser mais.

No entanto, prossegue Freire (1997, p.18), "o preparo científico do professor ou da professora deve coincidir com sua retidão ética", pois não é possível (nem desejável) separar em dois diferentes momentos o ensino dos conteúdos da formação ética dos educandos/as. "O ensino dos conteúdos implica o testemunho ético do professor" (p.106), a prática testemunhal, a aproximação cada vez maior entre o que ele/ela diz e o que faz, entre o que parece ser e o que realmente está sendo. Esse esforço para diminuir a distância entre o discurso e a prática torna-se indispensável para conseguir a **coerência**.

Necessário lembrar, no entanto, que a ética à qual se refere Paulo Freire, é a **ética universal do ser humano**, que deve estar sempre acima da ética do mercado (as leis da oferta e da procura, do comércio, do custo/benefício), que é uma ética menor.

Em síntese, diz Paulo Freire que

> a conscientização é mais do que uma simples tomada de consciência. Supõe, por sua vez, o superar a falsa consciência, quer dizer, o estado de consciência semi-intransitivo ou transitivo-ingênuo, e uma melhor inserção crítica da pessoa conscientizada numa realidade desmitificada. (2001, p.90)

É preciso, então, que a educação possa permitir aos educadores/as e aos educandos/as serem sujeitos, constituírem-se como pessoas, transformarem o mundo, estabelecerem com as outras pessoas relações de reciprocidade, fazerem a cultura e a história.

Por último, devo acrescentar que esta pesquisa realizada com universitários/as, sobre o ato de dirigir veículos automotores, seguindo a orientação teórica do **desenvolvimento de consciência,** tornou-se, ela própria, oportunidade para esses/as jovens vivenciarem situações de reflexão sobre as próprias ações, no espaço da circulação humana chamado trânsito. Para ser coerente com essa perspectiva teórica, a escolha da metodologia para a obtenção dos dados recaiu sobre a **Entrevista Reflexiva** realizada de maneira **Coletiva**, elaborada por Heloísa Szymanski (2002) que, por se constituir em uma situação de interação humana, é também oportunidade de **reflexividade,** entendida em dois sentidos: na reflexão do entrevistado/a sobre sua própria ação e, também, no sentido "de refletir a fala de quem foi entrevistado, expressando a compreensão da mesma pelo entrevistador e submeter tal compreensão ao próprio entrevistado, que é uma forma de aprimorar a fidedignidade" (p.15). É a "devolução" contribuindo para ampliar a compreensão.

Entrei na Rua Augusta a 120 por hora
Botei a turma toda do passeio pr'a fora
Fiz curva em duas rodas sem usar a buzina
Parei a quatro dedos da vitrina (Legal!)

Rua Augusta

Composição de Hervê Cordovil,
cantada por Ronnie Cord

CAPÍTULO 3

ESCOLHENDO O INSTRUMENTAL PARA COLETA E ANÁLISE DOS DADOS

Uma vez delimitado o problema a ser investigado, ou seja, **como os/as jovens universitários, como condutores de veículos automotores, percebem os riscos relacionados ao trânsito e como afirmam conduzir seus veículos, a partir dessas percepções,** o passo seguinte foi buscar o instrumental para a coleta e análise dos dados. Por tratar-se de pesquisa qualitativa, a escolha recaiu sobre a **Entrevista Reflexiva**, de acordo com a concepção que Heloisa Szymanski (2000 e 2002) lhe atribui.

I – A ENTREVISTA NA PESQUISA QUALITATIVA

Ao libertar-se dos paradigmas da Ciência Natural, a Psicologia foi construindo instrumentos de obtenção dos dados capazes de dar conta dos complexos fenômenos a serem estudados, sendo um deles a **Entrevista**. Apontada por vários autores como um dos componentes ou categorias fundamentais do trabalho de campo na pesquisa qualitativa, a Entrevista, independentemente da natureza dos dados obtidos, "é vista, neste enfoque, como um encontro social, possuidor de características peculiares [...]: a empatia, a intuição e a imaginação" (MARTINS[75] *et al.*, 1994, p.53).

---

[75] Joel Martins, doutor em Psicologia, docente na PUC-SP, foi responsável pela implantação dos Programas de Pós-Graduação *stricto sensu* dessa universidade, iniciados em 1969, e seu primeiro

A **empatia** ou intersubjetividade é um ato intencional, uma penetração mútua de percepções. A **intuição** é uma forma de contemplação e fonte de autoridade para o conhecimento: somente é possível perceber o outro contemplando suas experiências vividas. A **imaginação** vem a ser a representação do real, e pode fluir tanto para o entrevistado/a quanto para o entrevistador/a.

Embora não seja de fácil definição, a Entrevista, para Kahn e Cannell, vem a ser uma "conversa a dois, feita por iniciativa do entrevistador, destinada a fornecer informações pertinentes para um objeto de pesquisa e entrada (pelo entrevistador) em temas igualmente pertinentes com vistas a este objetivo" (apud MINAYO[76], 1996, p.108). Para Lakatos, é "um encontro entre duas pessoas, a fim de que uma delas obtenha informações a respeito de determinado assunto, mediante uma conversação de natureza profissional" (apud SZYMANSKI, 2002, p.10). As duas definições ressaltam o caráter interacional de toda Entrevista; no entanto, cabe aqui uma observação: ao definirem como sendo "conversa a dois" ou "encontro entre duas pessoas", os autores não consideram a **Entrevista Coletiva**, modalidade muito utilizada por favorecer o desenvolvimento da consciência de entrevistados/as e entrevistador/a. As duas definições também indicam os sentidos da Entrevista: **a) amplo**, de comunicação verbal; e **b) restrito**, de colheita de informação sobre determinado tema científico.

Quanto à natureza dos dados coletados, eles podem ser: **a) objetivos** ou concretos, passíveis de serem obtidos por outras fontes, que não a **Entrevista**; **b) subjetivos**: crenças, atitudes, opiniões, valores,

---

coordenador. Eleito reitor da PUC-SP, assumiu a Reitoria em novembro de 1992, para mandato de quatro anos, falecendo seis meses depois.

76 Maria Cecília de Souza Minayo, mineira de Itabira, socióloga, antropóloga e sanitarista, ingressou na Fundação Oswaldo Cruz (Fiocruz) em novembro de 1989. Foi professora adjunta da Escola Nacional de Saúde Pública da Fiocruz, onde lecionou Metodologia da Investigação Social em Saúde, além de coordenar o Centro Latino-Americano de Estudos sobre Violência e Saúde (Claves), da Escola Nacional de Saúde Pública (ENSP) da Fiocruz. Recebeu o título de pesquisadora emérita em 19 de julho de 2018. É autora de vários livros, além desta obra consultada, e tem vários artigos publicados em revistas científicas nos quais trata das questões sociais do campo de saúde.

que somente podem ser conseguidos com os atores sociais envolvidos (MINAYO, 1996, p.108).

Considerada frequentemente como instrumento privilegiado de coleta de informações, a Entrevista pode ser analisada em um sentido mais amplo, que é o da comunicação verbal, saindo do campo supostamente neutro da coleta de dados e entrando na "arena dos conflitos e das contradições", como aponta Minayo (1996, p.109).

Diferentes autores, ao estudarem a dinâmica da constante interação entrevistador/entrevistado(s), acabam por indicar aspectos inerentes a cada um desses atores sociais que poderão atuar como facilitadores da interação social e da coleta de dados. O entrevistador/a possui uma intencionalidade e deve criar situação de confiança e credibilidade, a fim de obter a colaboração do interlocutor/a (SZYMANSKI, 2000, p.195). A **escuta respeitosa** (demonstração de respeito muito grande pelo entrevistado/a) e a **atenção flutuante** (estar atento aos gestos, expressões, entonações, sinais não verbais, hesitações, alterações de ritmo, entre outros) devem estar presentes nas ações do entrevistador/a (LÜDKE[77]; ANDRÉ et al., 1986, p.35). Todo entrevistador/a espera encontrar sujeitos receptivos, interessados e motivados, que desenvolvam atitude de cooperação amigável e não agressiva; mesmo estando nessa situação, deve evitar o uso de adjetivos e respostas de aprovação, verbais ou não verbais (MARTINS; BICUDO, 1994, p.55).

Por sua vez, o entrevistado/a, ao aceitar o convite para falar durante a entrevista, também apresenta uma intencionalidade; sente-se acreditado, considerado, descobrindo-se dono de um conhecimento que interessa ao entrevistador/a (SZYMANSKI, 2000, p.195). No entanto, o entrevistado/a deve se expressar como pessoa e não como

---

77 Hermengarda Alves Lüdke, professora e pesquisadora no Departamento de Educação da Pontifícia Universidade Católica do Rio de Janeiro (PUC/RJ) e na Universidade Federal Fluminense, quando da publicação desta obra consultada. Doutorou-se em Sociologia pela Universidade de Paris X, tendo também realizado pós-doutorado na Universidade da Califórnia, em Berkeley, no Departamento de Pesquisa Educacional da Florida State University e no Instituto de Educação da London University. Tem grande experiência no desenvolvimento de trabalhos de pesquisa e no ensino da disciplina Metodologia da Pesquisa Educacional. É professora titular emérita da PUC/RJ.

amigo, evitando considerar as perguntas em tom de brincadeira (MARTINS; BICUDO, 1994, p.56).

A realização da Entrevista também contribui para o amadurecimento do entrevistado/a e do entrevistador/a; para este último, enquanto pessoa e enquanto pesquisador (HARNECKER[78]; RAUBER, 1996, p.54), uma vez que o processo de produção de significado é tão importante quanto o próprio significado que está sendo produzido, lembram Holstein e Gubrium (apud SZYMANSKI, 2000, p.196).

Uma questão ainda sobre a Entrevista diz respeito às relações de poder e desigualdade entre entrevistador/a e entrevistado/a. O entrevistador/a provocou o encontro, elegeu a questão de estudo, escolheu quem entrevistar (estabeleceu critérios de inclusão e exclusão), dia, horário e local e dirigiu a situação da entrevista. O entrevistado/a aceitou essa situação proposta, no entanto descobriu-se possuidor/a de um conhecimento que está sendo valorizado pelo pesquisador/a. A **Entrevista Reflexiva** favorece a horizontalidade nas relações de poder (SZYMANSKI, 2002, p.15).

Outra questão: em que sentido a fala de um é representativa da fala de muitos? A resposta afirmativa traz consigo a ideia de que na fala do entrevistado/a está inserido o seu grupo social, a sua experiência vivida em um espaço e em um tempo compartilhado. Pessoas que exerceram a mesma profissão, no mesmo período de tempo, em diferentes espaços geográficos, podem ser personagens, por exemplo, de estudos que objetivam resgatar **Histórias de Vida** (VON SIMSON[79], 1988). Outra pesquisadora interessada em

---

[78] Marta Harnecker (1937-2019), socióloga chilena, transferiu-se para Cuba em 1974, onde acompanhou várias experiências revolucionárias em países do continente latino-americano. Realizou aprofundamento da teoria marxista em Paris nos anos 1960, sob orientação de Louis Althusser. Na capital Havana, fundou *El Centro de Recuperación y Difusión de la Memória Histórica Del Movimiento Popular Latinoamericano* (Mepla) sendo sua diretora desde a fundação, em outubro de 1991. Centro esse que a Profa. Dra. Heloisa Szymanski e eu tivemos oportunidade de conhecer, monitoradas pela própria Marta, em fevereiro de 1997, quando estivemos em Cuba participando do Congresso Pedagogia 97. Marta deixou mais de 80 livros e/ou escritos publicados.

[79] Olga R. de Moraes Von Simson, mestre em Sociologia e doutora em Ciências Sociais, ambos pela USP, realizou seu pós-doutorado na Universidade de Tüligen, na Alemanha. Pesquisadora e diretora

memória oral relata que suas pesquisas não buscam (em sua grande maioria) conhecer a experiência pessoal do entrevistado, mas, sim, a experiência coletiva (por exemplo, de uma organização política, de uma experiência comunitária), através da vivência da personagem entrevistada (HARNECKER; RAUBER, 1996, p.28).

2 – A ENTREVISTA REFLEXIVA

A **Entrevista Reflexiva** é um procedimento de **Entrevista** que vem sendo desenvolvido há anos por Szymanski (2000; 2002), em seus projetos e orientações de pesquisa. Como explica a autora:

> Foi na consideração da entrevista como um encontro interpessoal que inclui a subjetividade dos protagonistas, que pôde se constituir num momento de construção de um conhecimento novo, nos limites da representatividade da fala e na busca de uma horizontalidade nas relações de poder é que se delineou esta proposta de entrevista que chamamos de reflexiva, tanto porque leva em conta a recorrência de significados durante qualquer ato comunicativo quanto na busca de horizontalidade. (SZYMANSKI, 2000, p.197)

O encontro interpessoal, face a face, transforma-se em oportunidade para a organização de ideias e de construção de um discurso para um interlocutor. O significado vai sendo construído na interação e o entrevistado/a acaba por se encontrar diante de um pensamento organizado de uma forma inédita até para ele mesmo/a. A reflexividade, por sua vez, ajuda a contornar as diferenças dos mundos social e cultural do entrevistado/a e do entrevistador/a, principalmente quando forem acentuadas.

---

de publicações do Centro de Estudos Rurais e Urbanos (Ceru – USP), na época da publicação desta obra consultada. Atualmente é professora doutora na Universidade Estadual de Campinas e na Universidade Federal de São Carlos.

Enquanto interação interpessoal, a Entrevista é sempre uma **intervenção**, uma vez que, como lembra Erving Goffman[80] (apud SZYMANSKI, 2000), um ser humano nunca é neutro para outro ser humano. Em uma interação face a face, há sempre uma influência mútua entre as pessoas, e a interpretação que cada uma delas faz da situação vai definindo as expectativas, disposições para a ação e, até mesmo, o sentido da interação. No entanto, o que é considerado intervenção, além da influência recíproca entre quem pergunta e quem responde,

> é o resultado de um processo de tomada de consciência desencadeado pela atuação do entrevistador, no sentido de explicitar sua compreensão do discurso do entrevistado, de tornar presente e dar voz às ideias que foram expressas por ele. (SZYMANSKI, 2002, p.17)

Essa intervenção pode ser mais profunda ou superficial e atingir áreas mais conhecidas ou mais secretas da experiência do entrevistado/a. Dependendo do grau de envolvimento do entrevistado/a, a própria escuta atenta e respeitosa, por parte do entrevistador/a, pode se transformar em momento de ajuda e promover o **desenvolvimento da consciência** (SZYMANSKI, 2000, p.199).

2.1 – DESENVOLVIMENTO DA ENTREVISTA

A Entrevista Reflexiva é uma Entrevista semidirigida, realizada em dois encontros, no mínimo, podendo ser individuais ou coletivos, e supondo as seguintes etapas:

---

80 Erving Goffman (1922-1982), do Departamento de Sociologia da Universidade da Califórnia, em Berkeley (EUA), foi cientista social, antropólogo, sociólogo e escritor canadense, com vários trabalhos publicados, dentre os quais: *The presentation of self in everyday life* (London: Penguin Books, 1969) e *Manicômios, prisões e conventos* (Perspectiva, 1992), publicação resultante de trabalho de campo realizado entre 1955 e 1956, no Hospital St. Elizabeths, Washington, D.C. (instituição federal com, aproximadamente, sete mil internados), trabalho em que o autor faz um levantamento crítico da vida em situações fechadas e mostra como esse tipo de segregação atua sobre as pessoas.

1. **Contato inicial** – o entrevistador/a deverá informar o entrevistado/a a respeito de sua instituição de origem e tema da pesquisa. Deverá solicitar autorização para gravação, garantir o anonimato do entrevistado/a, o acesso às gravações e análises e a possibilidade de perguntar.
2. **Aquecimento** – depois da apresentação formal da pesquisa, a fase inicial da entrevista "poderá ter um pequeno período de aquecimento para uma apresentação mais pessoal e o estabelecimento de um clima mais informal" (SZYMANSKI, 2002, p.24). Nesse momento, cada participante poderá dizer, por exemplo, seu nome, idade, cidade natal, profissão atual e por que aceitou fazer parte dessa pesquisa. No caso da **Entrevista Reflexiva, realizada de maneira Coletiva**[81], essa fase de aquecimento, além de contribuir para cada participante ter um conhecimento inicial das outras pessoas, é muito importante no estabelecimento de um clima grupal de cooperação e respeito.
3. **Questão desencadeadora** – elaborada a partir dos objetivos da pesquisa, deverá ser suficientemente ampla para possibilitar a expressão livre inicial (SZYMANSKI, 2000, p.203), inteligente, interessante, capaz de estabelecer uma conversação viva (MARTINS; BICUDO, 1994, p.54)[82]. Deverá ser elaborada de diferentes maneiras, para facilitar a compreensão, caso o entrevistado/a solicite esclarecimentos.

---

81 Em minha dissertação de mestrado sobre relações de gênero nos livros didáticos e nas práticas docentes (SPARTI, 1995), solicitei a nove professoras que falassem sobre seu processo de escolha profissional, com objetivo de aquecimento. Esse momento favoreceu um aprofundamento do conhecimento mútuo (uma vez que já se conheciam por lecionarem na mesma escola), e contribuiu para revelar sonhos e desocultar obstáculos compartilhados e superados com esforço e persistência, tais como: investimento familiar na formação profissional dos filhos e não das filhas; proibição de frequentar curso superior em cidade na qual não residia a família da moça; concepção familiar segundo a qual a verdadeira vocação da mulher é o casamento e a maternidade e não a atividade profissional.

82 O estudo-piloto por mim realizado em outubro de 2001, também com universitários/as, objetivando submeter este trabalho ao Exame de Qualificação, no processo de doutoramento, indicou que a questão desencadeadora utilizada (**Dirigir é prazeroso ou perigoso?**) deveria ser mudada, por não ser suficientemente ampla e não ter conseguido estabelecer uma conversação aprofundada entre os entrevistados/as.

4. **Condução da entrevista** – durante a Entrevista, o entrevistador/a poderá ir apresentando a sua compreensão do discurso do entrevistado/a. Compreensão não quer dizer interpretação, nem avaliação pessoal. A fim de manter o foco do problema estudado, o entrevistador/a poderá atuar de diferentes maneiras: a) **elaborando sínteses**: oferecer sínteses em alguns momentos da entrevista, para explicitar como está a sua compreensão sobre a fala do entrevistado/a e manter uma postura descritiva; b) **formulando questões de esclarecimento**: necessárias quando a fala do entrevistado/a está confusa ou denotando ocultamentos; c) **questões focalizadoras**: são as que objetivam trazer o discurso para o(s) foco(s) desejado(s), quando a digressão se prolonga muito; são perguntas que permitem unir "fios soltos" que, através da entrevista, vão se estruturando, e cujo resultado acaba por surpreender o entrevistado/a (HARNECKER; RAUBER, 1996, p.38); d) **questões de aprofundamento**: formuladas quando o discurso do entrevistado/a, embora se refira ao(s) foco(s) do problema, o faz de modo superficial; e) **questões de diferenças**: é uma modalidade das questões de aprofundamento e convidam o entrevistado a apontar diferenças entre situações, espaços ou tempos, para melhor compreensão do fenômeno.

Realizar entrevista piloto para aprimorar a questão geradora (problematizadora) é sempre aconselhável.

2.2 – REGISTRO DOS DADOS

A gravação (em áudio), quando autorizada, somente registra as expressões verbais, deixando de lado as não verbais. Para suprir essa característica podem ser feitas algumas anotações de apoio. No entanto, para alguns entrevistados/as, a gravação pode ser constrangedora e, nesse caso, o entrevistador/a deverá fazer anotações e, certamente, acabará por excluir algumas informações. Deverá preencher as lacunas, logo após a entrevista, enquanto os dados na memória ainda são recentes (LÜDKE; ANDRÉ, 1986, p.37-8).

A transcrição das entrevistas, embora possa ser uma atividade demorada, dependendo, entre outras variáveis, da qualidade da gravação, tem a vantagem de familiarizar cada vez mais o entrevistador/a com os dados coletados. Harnecker e Rauber (1996, p.42-7) sugerem que o entrevistador/a decida quando eliminar repetições; elabore subtítulos para o material transcrito (categorias); e redija mantendo o modo de expressão dos entrevistados/as.

2.3 – DEVOLUÇÃO

A devolução vem a ser a "exposição posterior da compreensão do entrevistador sobre a experiência relatada pelo entrevistado" (SZYMANSKI, 2002, p.52), objetivando ratificar, retificar, aprofundar ou acrescentar informações. Pode-se apresentar a transcrição da entrevista e a pré-análise, pois o entrevistado/a detém a coautoria desse conhecimento.

Os mesmos procedimentos da entrevista individual podem ser usados na entrevista coletiva. Nesse caso, o caráter de intervenção fica mais evidente do que nas entrevistas individuais, o desenvolvimento da consciência e a produção do conhecimento se dão de forma mais dinâmica e o resultado final é uma produção grupal.

3 – ANÁLISE DOS DADOS: A *GROUNDED THEORY*

As **Entrevistas Reflexivas** realizadas de maneira **Coletiva**, e registradas em áudio (quando houver autorização dos entrevistados/as), após serem transcritas, geram textos que podem ser submetidos à análise qualitativa.

A análise dos dados é um momento fundamental de todo trabalho de pesquisa. É quando os frutos esperados começam a aparecer, possibilitando formular várias conclusões sobre o fenômeno estudado.

Importante é encontrar, nesta etapa do trabalho, um instrumental que aponte tanto a grandeza quanto as minúcias do que foi estudado. Neste estudo, objetivando utilizar um procedimento de análise que possibilitasse múltiplos olhares sobre o fenômeno em questão, a escolha recaiu sobre a *Grounded Theory* ou, em português, **Teoria Fundamentada nos Dados**, que vem a ser uma abordagem ou método de análise qualitativa proposto por Glaser e Strauss (1967).

A *Grounded Theory*, como o próprio nome diz, refere-se à descoberta de uma teoria a partir dos dados obtidos de maneira sistemática e analisados pela constante comparação, de um ir-e-vir aos dados, da coleta à análise, e da análise à coleta. Desse modo, não existe uma teoria *a priori* em que o investigador/a se baseia para realizar a análise dos dados coletados. E essa é a qualidade essencial da *Grounded Theory*, bem como seu diferencial em relação a outras formas de análise qualitativa: partir dos dados obtidos e, indutivamente, levar à construção de uma nova teoria, ou seja, uma **teoria fundamentada nos dados** obtidos do fenômeno em estudo.

Assim, a *Grounded Theory* permite ao pesquisador/a realizar um tipo de análise pela qual conceitos teóricos passam a emergir dos dados. Uma teoria, então, está sendo descoberta, desenvolvida e, provisoriamente, verificada mediante um conjunto de dados pertinentes ao fenômeno. Daí decorre que o conjunto de dados, a análise e a teoria construída a partir dessa análise, mantêm, entre si, uma relação de reciprocidade. É exatamente o oposto do procedimento em que o pesquisador/a realiza a análise dos dados sob a ótica de uma grande teoria, analisando dedutivamente os dados de maneira que eles possam estar se ajustando às explicações deste referencial teórico, anteriormente escolhido.

Nessa metodologia de investigação, é exigida do pesquisador/a grande sensibilidade teórica no momento em que estiver analisando e discutindo os dados: o investigador/a necessita ser sensível, teoricamente falando, para colher dados que sejam relevantes ao fenômeno e, por ocasião da análise, saber identificar as sutilezas dos significados que esses dados revelam.

Para conseguir um resultado satisfatório, a partir da utilização da *Grounded Theory*, seus criadores propõem quatro etapas muito importantes para os processos de coleta e análise dos dados: Codificação, Categorização, Codificação Teórica e Descoberta da Categoria Central.

1ª Etapa – CODIFICAÇÃO

Nesta primeira etapa, denominada **Codificação**, o pesquisador/a realiza o desmembramento da transcrição escrita da/s entrevista/s: examina, minuciosamente, o texto escrito, atentando para os incidentes e eventos ocorridos, analisando-os como **indicadores potenciais do fenômeno.** Esses eventos, transformados em **Códigos** ou **Unidades Básicas de Análise,** devem ser descritos com o verbo no tempo gerúndio, para indicar ação e continuidade. O pesquisador/a busca descobrir os significados implícitos em cada código e, após encontrá-los, os códigos são agrupados a partir de seus conceitos.

No exemplo a seguir, na tabela 5, foi reproduzido um pequeno trecho da transcrição da **Primeira Entrevista Reflexiva,** realizada de maneira Coletiva e, ao lado, foram colocados os **Códigos** ou as **Unidades Básicas de Análise** elaborados a partir do discurso. Essa **Codificação** pode ser encontrada na íntegra nos Anexos D1 (Códigos 001 a 311) e D2 (Códigos 312 a 577) da minha tese de doutorado[83] ou recebida por e-mail[84], se o/a leitor/a decidir me solicitar.

---

[83] Exemplares dessa tese podem ser encontrados nas Bibliotecas da PUC-SP, tanto no campus Monte Alegre, em São Paulo, quanto no campus de Sorocaba; nas Bibliotecas da Faculdade de Educação da USP; da Universidade de Sorocaba e na da Companhia de Engenharia de Tráfego (CET) de São Paulo.

[84] Meu *e-mail*: chebel.sonia@gmail.com

TABELA 5 — PARTE DA PRIMEIRA ENTREVISTA REFLEXIVA REALIZADA DE MANEIRA COLETIVA E CÓDIGOS CORRESPONDENTES

TEXTO ESCRITO 1ª Entrevista Reflexiva Coletiva	CODIFICAÇÃO Unidades Básicas de Análise
ALICE — É bonitinha a ideologia deles. Todos fizeram curso na Unicamp e tal. Mas, como eu falei: *Primeiros Socorros*. Eu acho que eu fui uma das pessoas mais polêmicas na sala do CFC, porque eu não concordava com nada, daquilo [198]. Daí me fizeram de cobaia em *Primeiros Socorros*. E, quando eu vi, estavam fazendo tudo errado em mim [199]. Eu tive *Primeiros Socorros* no colégio, eu tinha um amigo bombeiro e, numa das aulas de Educação Física, eles ensinavam a socorrer alguém [200]. E, no CFC, eles pegavam a gente de maneira totalmente errada. Deviam ensinar assim: — "*Não toca*", ia ser muito melhor do que eles tentarem ensinar alguma coisa... [201] Se alguém vier me socorrer e tiver aprendido *Primeiros Socorros* no CFC... "*Tira a mão de mim*", entendeu? (*risos*) Juro! Me deixa aqui [202]. VALTER — Porque o socorro errôneo pode vitimizar mais do que o próprio acidente [203].	198. Afirmando ter sido uma das pessoas mais polêmicas no CFC, por discordar do modo como procediam e, até, do que ensinavam. 199. Sendo cobaia de demonstrações errôneas referentes aos *Primeiros Socorros* no CFC. 200. Tendo melhores aulas sobre *Primeiros Socorros* no colégio. 201. Afirmando ser melhor se o CFC ensinasse a não socorrer o/a acidentado/a e a chamar o resgate. 202. Afirmando recusar ajuda de pessoa que aprendeu *Primeiros Socorros* no CFC. 203. Afirmando que o socorro errôneo pode vitimizar mais do que o próprio acidente.

(continua)

TABELA 5 — PARTE DA PRIMEIRA ENTREVISTA REFLEXIVA REALIZADA DE MANEIRA COLETIVA E CÓDIGOS CORRESPONDENTES (continuação)	
TEXTO ESCRITO 1ª Entrevista Reflexiva Coletiva	**CODIFICAÇÃO** Unidades Básicas de Análise
VERA – Mas eles ensinam bem errado, mesmo! [204] O meu irmão fez esse curso porque estava tirando a carta, agora, por esse novo Código. Eles ainda falaram assim: que se houver algum acidente na rua e a pessoa tiver algum problema no pescoço, você pega e puxa, assim (*fazendo gestos para demonstrar*) e você põe no lugar! [205] (*muitos, muitos risos*)	204. Ratificando que o CFC ensina *Primeiros Socorros* de maneira errônea, com base nos relatos de seu irmão que está tirando a carta. 205. CFC ensinando a puxar o pescoço da pessoa acidentada, para colocá-lo no lugar.
FONTE: Sparti (2003).	

2ª Etapa – CATEGORIZAÇÃO

Uma vez concluída a etapa denominada **Codificação**, a partir dos dados coletados durante a entrevista, tem início a **Categorização**, que vem a ser o processo de agrupar conceitos que parecem relevantes, parte de um mesmo fenômeno (STRAUSS; CORBIN, 1990). Nesta etapa, os **Códigos** são agrupados, gradativamente, considerando-se tanto as suas similaridades quanto suas diferenças conceituais, em um processo de formação de **Categorias**. É um processo que requer separação e agrupamento, em um constante movimento que vai dos Códigos às Categorias e, destas, novamente aos Códigos.

As Categorias são mais abstratas, mais desenvolvidas e possuem mais força conceitual do que os Códigos. As Categorias devem ser adequadamente nomeadas pelo pesquisador/a, de modo que possam representar o significado dos Códigos que elas representam. Em alguns casos, o agrupamento dos Códigos revela Subcategorias, posteriormente, também agrupadas em Categorias. Conforme afirmam

Strauss e Corbin (1990), o importante é nomear uma categoria, de forma que você se lembre dela, pense nela e, mais do que tudo, comece a desenvolvê-la analiticamente.

No exemplo a seguir (Tabela 6), pode ser visto um dos Quadros de Categorização utilizado na análise dos dados, contendo Códigos, Subcategorias e Categoria. Neste caso, cada um dos Códigos recebeu um número para indicar a sequência em que foram elaborados. No entanto, os Códigos foram agrupados seguindo-se uma numeração crescente, que expressa um critério temporal e, não, de importância.

TABELA 6 — ELABORAÇÃO DA 1ª CATEGORIA E SUBCATEGORIAS A PARTIR DOS CÓDIGOS FORMULADOS

CÓDIGOS	SUBCATEGORIAS	CATEGORIA
(001) Afirmando ter grande interesse em aprender a dirigir. (011) Afirmando querer tirar a Carta para falar que agora pode dirigir. (029) Completando 18 anos e, dentre tudo, querendo dirigir com Carta. (050) Tendo vontade de dirigir e pegando os carros dos amigos. [...]	DESEJO	SIGNIFICADOS DO DIRIGIR
(002) Afirmando ser um sonho saber dirigir. (009) Quebrando um pouco do sonho por não poder pagar a gasolina e pegar o carro quando quiser. (472) Chegando em casa alegre e saltitante por ter conseguido a Carta de motorista. [...]	SONHO	

(continua)

TABELA 6 — ELABORAÇÃO DA I ª CATEGORIA E SUBCATEGORIAS A PARTIR DOS CÓDIGOS FORMULADOS
(continuação)

CÓDIGOS	SUBCATEGORIAS	CATEGORIA
(003) Dirigir, possibilitando ser independente. (004) Dirigir, permitindo sair para onde e quando quiser. (005) Dirigir, possibilitando não ser mais dependente dos pais. [...]	INDEPENDÊNCIA	SIGNIFICADOS DO DIRIGIR
(030) Dirigir, considerando o fato uma necessidade. (266) Afirmando precisar da Carta no futuro, e não no momento em que a tirou. (512) Carro sendo considerado um complemento e pessoa sentindo falta se não o possuir. [...]	NECESSIDADE	
(037) Dirigindo à noite, com as amigas, no dia em que recebeu a Carta. (505) Comunidade dependendo de algo construído pelo próprio homem: o carro. [...]	AFIRMAÇÃO	
(057) Afirmando ser prazeroso dirigir moto. (264) Gostando muito de andar de bicicleta. [...]	PRAZER	
(262) Afirmando ser um processo natural completar 18 anos e obter a Carta. (263) Afirmando não considerar natural sinônimo de necessário. [...]	NATURAL	

(continua)

TABELA 6 — ELABORAÇÃO DA 1ª CATEGORIA E SUBCATEGORIAS A PARTIR DOS CÓDIGOS FORMULADOS
(continuação)

CÓDIGOS	SUBCATEGORIAS	CATEGORIA
(508) Afirmando que seu sonho era ter um carro igual ao da Barbie. (509) Surpreendendo-se com a ideia do automóvel estar associada aos brinquedos. [...]	BRINQUEDO	SIGNIFICADOS DO DIRIGIR
(518) Afirmando não deverem ficar nervosas as pessoas que estão em carros, porque não precisam utilizar ônibus. (519) Afirmando suportar congestionamentos e outras situações adversas, pois fazer uso de carro é melhor do que fazer uso de ônibus. [...]	PRIVILÉGIO	

FONTE: Códigos elaborados a partir do discurso dos entrevistados/as.

3ª Etapa – CODIFICAÇÃO TEÓRICA

Os autores apontam uma terceira etapa de análise chamada de **Codificação Teórica**. Neste momento, as **Categorias** são reorganizadas de um modo a estabelecer conexões com as **Subcategorias**, unindo-se aquelas Categorias que parecem referir-se a um mesmo fenômeno. Existe, nesta etapa, uma ida e vinda do pesquisador/a aos dados, no intuito de desenvolver a Codificação Teórica, voltando às entrevistas, de quando em quando, a cada desenvolvimento de hipóteses para garantir a fidedignidade aos dados.

Neste processo, ocorre um movimento intenso entre pensamento indutivo e dedutivo, baseado nos dados: comparação e desenvolvimento de hipóteses a partir das experiências relatadas.

A seguir, a Tabela 7 ilustra uma Codificação Teórica, que ajuda o pesquisador/a a manter a análise no nível conceitual, quando escreve sobre os conceitos e suas relações.

TABELA 7 — AS DEZ CATEGORIAS ELABORADAS A PARTIR DAS DUAS ENTREVISTAS REFLEXIVAS REALIZADAS DE MANEIRA COLETIVA

CATEGORIAS	SEGUNDO MOMENTO
01 – Significados do dirigir 02 – Direção veicular e família 03 – Criticando a autoescola 04 – Criticando o exame de habilitação 05 – Criticando a legislação de trânsito 06 – Encontrando aspectos positivos na autoescola 07 – Identificando fatores causadores de danos 08 – Identificando fatores redutores de danos 09 – Avaliando-se como motorista 10 – Buscando situações de equidade	**Desenvolvendo a consciência no trânsito**

FONTE: Gravações em áudio do discurso dos entrevistados/as.

4ª Etapa – DESCOBERTA DA CATEGORIA CENTRAL

A última etapa deste processo de análise proposto pela *Grounded Theory* tem por objetivo identificar e compreender o fenômeno central, que constitui o elo entre as Categorias. É a fase que Strauss & Corbin (1990) denominam como elaborar "a história", quando ficam evidentes as Categorias mais densas, fazendo emergir a **Categoria Central**, capaz de agrupar todos os elementos presentes nos dados e explicar diferenças e semelhanças presentes na experiência, sobretudo, de maneira ampla e abstrata.

A Categoria Central amarra a história a sua volta, ocorrendo inteiramente a partir dos dados. Reúne fios que pareciam estar soltos, alinhavando-os na construção do significado.

Nesta pesquisa, a Categoria Central vem a ser o **Desenvolvimento da Consciência no Trânsito**. Esse desenvolvimento da Consciência foi ocorrendo gradativamente durante as duas Entrevistas, possibilitando a reflexividade sobre os sentidos do dirigir, as atitudes familiares, o processo ensino-aprendizagem com suas condições facilitadoras e bloqueadoras, a identificação de fatores causadores e redutores de danos, a avaliação do próprio desempenho como motorista e a busca de situações de equidade no trânsito. Em resumo, essa Categoria Central foi capaz de interligar as dez Categorias identificadas, dando sentido até às que se afiguraram como contraditórias.

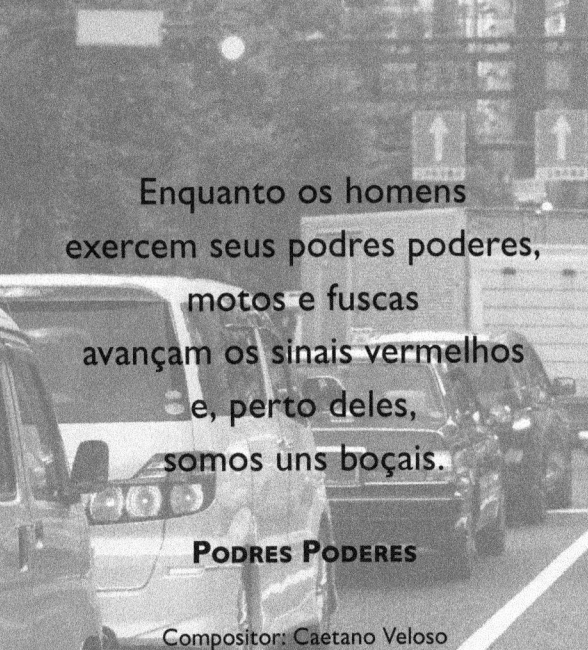

Enquanto os homens
exercem seus podres poderes,
motos e fuscas
avançam os sinais vermelhos
e, perto deles,
somos uns boçais.

PODRES PODERES

Compositor: Caetano Veloso
Cantor: Caetano Veloso

CAPÍTULO 4

REALIZANDO A PESQUISA

Após vivenciar a realização da Entrevista Reflexiva e a utilização da *Grounded Theory* para a análise dos dados, em Estudo Piloto ocorrido nos meses de outubro e novembro de 2001, também com estudantes universitários/as, iniciei a busca dos dados desta pesquisa realizando duas Entrevistas Reflexivas de maneira Coletiva.

1 – LOCAL DAS ENTREVISTAS

As Entrevistas Reflexivas ocorreram em uma sala de aula localizada no primeiro andar do prédio do Centro de Ciências Médicas e Biológicas (CCMB)[85] da Pontifícia Universidade Católica de São Paulo (PUC-SP)/campus Sorocaba, cuja utilização foi previamente autorizada pela direção desse Centro.

2 – PARTICIPANTES

Considerando meu interesse em entrevistar universitários/as da área da saúde, por terem contato com acidentados/as de trânsito, em função de sua formação profissional, os dez participantes das entrevistas (cinco do sexo masculino e cinco do sexo feminino) eram alunos/as regularmente matriculados nos cursos de graduação em Medicina (período integral), em Enfermagem (período diurno) e em Ciências

---

85 Atualmente denominado Faculdade de Ciências Médicas e da Saúde (FCMS) da Pontifícia Universidade Católica de São Paulo (PUC-SP)/campus Sorocaba.

Biológicas (período noturno), oferecidos pela Pontifícia Universidade Católica de São Paulo/campus Sorocaba, no ano de 2002, voluntários/as, com idades entre 18 e 28 anos e possuidores da Licença para Dirigir ou da Carteira Nacional de Habilitação (CNH). Eles/as inscreveram-se para as entrevistas após terem lido os cartazes (Figura 1) afixados em todos os murais de avisos existentes nos cinco andares do prédio de aula, com os seguintes dizeres:

FIGURA I – CARTAZ SOLICITANDO INSCRIÇÃO DE VOLUNTÁRIOS/AS PARA ENTREVISTAS REFLEXIVAS

PSICOLOGIA NO TRÂNSITO

Dando continuidade à pesquisa sobre o tema citado, no Programa de Doutorado em Psicologia da Educação, na PUC-SP, deverei entrevistar **cinco alunos** e **cinco alunas** dos três cursos de graduação oferecidos por este Centro de Ciências Médicas e Biológicas (CCMB/PUC-SP), que preencham os seguintes critérios:

a) apresentar idades entre 18 e 28 anos;

b) possuir Licença para Dirigir ou Carteira Nacional de Habilitação;

c) dirigir frequentemente (não somente aos sábados e domingos).

INSCRIÇÕES poderão ser feitas no dia 24 de abril (quarta-feira) de 2002, das 17h às 19h, na sala de aula n. 104, no 1º andar, comigo: Prof[a]. Sonia Chébel Mercado Sparti. Um conjunto de publicações do Programa "Moto Perpétuo", versando sobre Fórmulas no Trânsito, Biologia em Circulação e Psicologia ao Volante, será entregue aos/às participantes.

Obrigada.

FONTE: elaboração da autora.

Havia a possibilidade de que somente a afixação dos cartazes não fosse suficiente para a obtenção desses/as participantes. No entanto, compareceram 17 voluntários/as (no dia, horário e local marcados) para efetuarem as inscrições que foram aceitas, seguindo-se o critério de ordem de chegada.

- 2 participantes da 1ª série do curso de Medicina
- 1 participante da 1ª série do curso de Enfermagem
- 3 participantes da 2ª série do curso de Medicina
- 2 participantes da 3ª série do curso de Ciências Biológicas
- 9 participantes da 3ª série do curso de Enfermagem

No caso da 3ª série do curso de Enfermagem, os dois participantes foram obtidos (com anuência dos presentes) a partir da realização de dois sorteios aleatórios, sendo um deles realizado entre os três universitários voluntários e, o outro, entre as seis universitárias voluntárias. A composição dos dez participantes, por curso, série e sexo, pode ser visualizada na Tabela 8.

TABELA 8 — NÚMEROS DE PARTICIPANTES POR CURSO, SÉRIE E SEXO							
SÉRIE / CURSO	**1ª**		**2ª**		**3ª**		**TOTAL**
	M	F	M	F	M	F	
MEDICINA	1	1	2	1	---	---	5
ENFERMAGEM	---	1	---	---	1	1	3
BIOLOGIA	---	---	---	---	1	1	2
TOTAL	1	2	2	1	2	2	10

LEGENDA: M – masculino F – feminino
FONTE: Fichas de Inscrição preenchidas em 24 de abril de 2002.

As Fichas de Inscrição utilizadas continham as seguintes informações: a) título da pesquisa; b) nomes da instituição, da pesquisadora e da orientadora; c) informações sobre datas, horários e locais das entrevistas; d) nomes dos participantes; e) idades; f) cursos e séries; g) telefones para contato; h) tempo de Habilitação. Cada participante recebeu cópia da Ficha de Inscrição e um lembrete com as datas, horários e locais das Entrevistas e telefones da pesquisadora, para contato. Síntese desses dados pode ser visualizada na Tabela 9.

TABELA 9 — PARTICIPANTES E RESPECTIVOS CURSOS, SÉRIES, IDADES E TEMPO DE HABILITAÇÃO

NOME	CURSO	SÉRIE	IDADE	TEMPO DE HABILITAÇÃO
ALICE	Medicina	1ª	20 anos	2 anos
LUCAS	Medicina	1ª	20 anos	2 anos
ELSON	Medicina	2ª	24 anos	6 anos
GENI	Medicina	2ª	21 anos	3 anos
VALTER	Medicina	2ª	21 anos	3 anos
FLÁVIA	Enfermagem	1ª	22 anos	4 anos
VERA	Enfermagem	3ª	24 anos	6 anos
VICTOR	Enfermagem	3ª	27 anos	9 anos
BRENO	Ciências Biológicas	3ª	23 anos	1 ano
HELENICE	Ciências Biológicas	3ª	20 anos	1 ano

FONTE: Fichas de Inscrição preenchidas em 24 de abril de 2002.

3 – PERÍODO DA COLETA DE DADOS

A Primeira Entrevista Reflexiva realizada de maneira Coletiva ocorreu no dia 8 de maio de 2002, quarta-feira, das 17h às 19h, na sala n. 103, no primeiro andar do prédio do Centro de Ciências Médicas e Biológicas da PUC-SP/campus Sorocaba. Dos dez participantes que confirmaram presença, somente sete compareceram.

A Segunda Entrevista Reflexiva realizada de maneira Coletiva, com finalidade inicial de **Devolução dos dados** (síntese do meu entendimento a respeito do discurso dos entrevistados/as, a fim de que pudessem retificar, ratificar, aprofundar ou acrescentar informações), ocorreu no dia 22 de maio de 2002, quarta-feira, também das 17h às 19h, nessa mesma sala de aula. Nesse dia, o comparecimento foi total.

O horário escolhido para as Entrevistas Reflexivas, das 17h às 19h, teve como critério o fato de ser o único horário que possibilitou reunir alunos/as desses três cursos, uma vez que as aulas do curso de Medicina terminavam às 17h, as do curso de Ciências Biológicas iniciavam-se às 19h, e as do curso de Enfermagem terminavam às 12h30.

4 – INSTRUMENTOS

A **Pergunta Geradora**, elaborada de modo suficientemente amplo para facilitar a participação dos entrevistados/as, em um momento de aquecimento inicial, foi a seguinte: — **Como foi a trajetória de cada um/a de vocês para obter a Carteira Nacional de Habilitação (a Carta de Motorista) ou a Licença para Dirigir? Como é que foi esse processo?** As demais questões foram sendo formuladas a partir do discurso dos/as entrevistados/as, intercalando-se algumas sobre aspectos selecionados *a priori*, tais como percepção do risco; valores, crenças e emoções relacionadas às situações de trânsito; crianças no carro; transporte de animais; utilização de equipamentos de segurança; avaliação do próprio desempenho como condutor/a de veículo automotor; vivência de acidente de trânsito.

O número de intervenções dos/as participantes e da entrevistadora (desprezando sua duração), em cada uma das Entrevistas Reflexivas, pode ser visto na Tabela 10.

TABELA 10 — NÚMERO DE INTERVENÇÕES DOS/AS PARTICIPANTES NAS DUAS ENTREVISTAS REFLEXIVAS

PARTICIPANTES	ENTREVISTAS	1	2	TOTAIS
ALICE	1ª MED	37	22	59
LUCAS	1ª MED	35	18	53
ELSON	2ª MED	34	15	49
GENI	2ª MED	24	16	40
VALTER	2ª MED	35	30	65
FLÁVIA	1ª ENF	---	16	16
VERA	3ª ENF	25	20	45
VICTOR	3ª ENF	40	07	47
BRENO	3ª BIO	---	51	51
HELENICE	3ª BIO	---	11	11
SONIA		148	83	231
TOTAIS		378	289	667

LEGENDA: 1ª MED – 1ª série do curso de Medicina
3ª ENF – 3ª série do curso de Enfermagem
3ª BIO – 3ª série do curso de Ciências Biológicas
OBS.: a não existência do número de intervenções indica que o/a participante esteve ausente nesse dia.
FONTE: Transcrições das duas Entrevistas Reflexivas.

5 – PROCEDIMENTOS

Um pequeno lanche foi oferecido aos entrevistados/as logo na acolhida, e ficou à disposição deles durante as Entrevistas. Foi uma maneira de compensar a perda do horário de jantar, tanto para os alunos/as de Medicina, que estavam terminando as aulas, às 17h, quanto para os/as de Ciências Biológicas, que deveriam entrar em aula, às 19h.

A seguir, após explicações, os alunos/as preencheram e assinaram o **Termo de Consentimento Livre e Esclarecido**, utilizado quando da realização de pesquisas com seres humanos, conforme recomendação do Comitê de Ética em Pesquisa[86] do CCMB/PUC-SP, para o qual se fez necessário encaminhar este Projeto de Pesquisa. Recebi ofício comunicando a aprovação deste Projeto, em novembro de 2001, e realizei o Exame de Qualificação para o Doutorado em dezembro do mesmo ano.

Após solicitar (e obter) autorização para gravar as Entrevistas em fita de áudio, agradeci a presença de todos e iniciei a Primeira Entrevista Reflexiva.

Depois da apresentação formal sobre a pesquisa, seguiu-se pequeno período (cerca de dez minutos) dedicado ao aquecimento, quando foi solicitado aos/às participantes falar sobre si mesmos/as: nome, idade, cidade de origem, curso e série que estavam frequentando e motivo(s) pelo(s) qual(quais) decidiram participar da pesquisa. Essa apresentação pessoal contribuiu para o estabelecimento de um clima mais informal. Houve várias situações de riso, principalmente quando alguns/algumas participantes disseram ter sido atraídos/as não pelo assunto, senão pela curiosidade a respeito da metodologia selecionada, pois familiarizados/as com a entrevista individual, não imaginavam como poderia ser uma Entrevista Reflexiva realizada de maneira coletiva.

---

[86] **O Comitê de Ética em Pesquisa** (CEP) do CCMB/PUC-SP, nesse ano de 2002, era presidido pelo Prof. Dr. José Augusto Costa, que seguia as Resoluções n. 196/96 e n. 251/97, do Conselho Nacional de Saúde, e encaminhava Relatórios trimestrais à Comissão Nacional de Ética em Pesquisa (Conep).

6 – ORGANIZANDO A ANÁLISE DOS DADOS

Os discursos dos universtários/as durante as Entrevistas Reflexivas possibilitaram a elaboração de 577 códigos. A partir deles, foi possível separá-los e, novamente, reagrupá-los em 40 subcategorias e em 10 categorias, resumidamente apresentadas na Tabela 11, a seguir.

TABELA 11 — ORGANIZAÇÃO DOS CÓDIGOS EM SUBCATEGORIAS E CATEGORIAS	
CATEGORIAS	**SUBCATEGORIAS**
1 – Significados do dirigir	Desejo Sonho Independência Necessidade Afirmação Prazer Natural Brinquedo Privilégio
2 – Direção veicular e família	Encontrando apoio familiar Encontrando restrição familiar
3 – Criticando a autoescola	Focalizando aspectos técnicos Focalizando aspectos éticos
4 – Criticando o exame de habilitação	Focalizando aspectos técnicos Focalizando aspectos éticos
5 – Criticando a legislação de trânsito	Utilização dos primeiros socorros Pontos resultantes das multas
6 – Encontrando aspectos positivos na autoescola	Dirigindo caminhão e moto Tendo aulas de direção defensiva

(continua)

TABELA II — ORGANIZAÇÃO DOS CÓDIGOS EM SUBCATEGORIAS E CATEGORIAS
(continuação)

CATEGORIAS	SUBCATEGORIAS
7 – Identificando fatores causadores de danos	Restrição visual Sonolência Bebida alcoólica Competição Vingança Imprudência Transporte incorreto Desconhecimento técnico Velocidade Não uso de equipamentos de segurança Desrespeito às normas Condições da via
8 – Identificando fatores redutores de danos	Direção defensiva Calma e atenção Responsabilidade e respeito Uso de equipamentos de segurança Prudência e prevenção
9 – Avaliando-se como motorista	Sentindo-se competente Encontrando dificuldades
10 – Buscando situações de equidade	Relacionamento universidade / comunidade Relações de gênero no trânsito

FONTE: 577 códigos obtidos a partir das duas Entrevistas Reflexivas.

7 – REALIZANDO A ANÁLISE

Neste item são apresentadas sínteses descritivas das Categorias e respectivas Subcategorias. E, também, reflexões de cunho teórico para aprofundar a sua compreensão. A sua apresentação, em separado, não representa uma segmentação do fenômeno, porque está implícito que todas estão inter-relacionadas. A finalidade é uma exploração mais detalhada de cada uma para, posteriormente, ser realizada uma síntese.

Iª CATEGORIA – SIGNIFICADOS DO DIRIGIR

Os 38 códigos resultantes das Entrevistas dão suporte a esta categoria.

Ao serem solicitados a contarem a trajetória percorrida até obterem a Carteira Nacional de Habilitação ou a Licença para Dirigir (que se constituiu na Pergunta Geradora), os/as participantes foram desvelando os diferentes **significados e sentidos do dirigir**: sonho, desejo, prazer, privilégio, afirmação, independência, necessidade, naturalidade e até imitação de brinquedo (o carro da *Barbie*). É interessante notar que dirigir significando locomoção não consta do discurso dos/as participantes.

São vários os significados que os fenômenos podem ter. São também socializados, testemunhados e admitidos pelas pessoas. De acordo com Dulce Critelli[87] (1996, p.43), "os significados nunca estão na coisa, mas no nosso mundo humano, na trama de significados que é o mundo mesmo". No entanto, essa autora não toma o termo **sentido** como expressão sinônima de **significado**. "O destinar-se do ser", afirma, "é o que podemos nomear como o sentido do ser. [...] Sentido é, para nós, o mesmo que destino, rumo, a direção do existir" (p.53). O sentido é o que mobiliza as pessoas em relação às coisas, aos fenômenos. Inclui, muitas vezes, um projeto de emancipação da pessoa (como no caso desses/as jovens universitários/as), a possibilidade de justificação da ação, da mobilização.

---

87 Dulce Mára Critelli nasceu em 1951, na cidade de São Paulo/SP. Formou-se em Filosofia na PUC-SP, mesma instituição onde titulou-se mestre em Filosofia da Educação e doutora em Psicologia da Educação, em 1985. Professora na PUC-SP desde 1978, foi chefe do Departamento de Filosofia (2017-2019) e coordenadora do curso de Graduação em Filosofia (2019-2021). É também coordenadora do Existentia — Centro de Orientação e Estudos da Condição Humana, que fundou em 2002. Dentre suas publicações estão *Educação e Dominação Cultural* (Cortez/Autores Associados, 1980) e *Analítica do Sentido* (Educ/Brasiliense, 1996).

> *"Aquele sonho: Ah! Eu vou ter carro, vou ser independente, vou poder sair para onde eu quiser, a hora em que eu quiser; não vou depender de pai e mãe".* (Lucas, 1)[88]

> *"Cheguei em casa alegre e saltitante porque eu tinha conseguido tirar a minha Carta!"* (Flávia, 2)[89]

> *"Hoje em dia, a comunidade depende de uma coisa construída pelo próprio homem, que é o automóvel. A gente não é nada sem um carro. Essa é a verdade! A gente, desde criança, já tem aquela... parece que sai de nascença, você ter que dirigir".* (Breno, 2)

> *"É um complemento. Você sente falta se não tiver um carro".* (Breno, 2)

Dirigir parece ser o aspecto mais valorizado do **ritual de iniciação** à idade adulta, em uma sociedade como a nossa, caracterizada por uma descontinuidade nessa transição da infância para a vida adulta, a saber: a) aos 14 anos, o/a jovem pode solicitar a Carteira Profissional; b) aos 16, obter o Título de Eleitor; c) aos 18 anos, obter a Licença para Dirigir; d) e somente aos 21 anos (até os primórdios do século XXI), assinar contratos. Nesse processo gradativo de aquisição do *status* adulto, o fato de saber e poder dirigir (estar legalmente habilitado/a), parece ser o que, realmente, grande parte dos/as jovens valoriza.

Essa afirmação *"A gente não é nada sem um carro. [...] parece que sai de nascença, você ter que dirigir"*, parece indicar que a identidade de uma pessoa, a partir da existência da indústria automobilística, se constitui pela sua atividade de motorista, pelo fato de desempenhar o papel de condutor/a de automóvel, de representar essa personagem. Lembra-nos Antonio Ciampa (1993) que, quando representamos a identidade, usamos frequentemente proposições substantivas (Breno é motorista), em vez de proposições verbais (Breno dirige automóvel).

---

[88] Essa notação indica que a fala de Lucas foi transcrita da 1ª Entrevista Reflexiva.
[89] Essa notação indica que a fala de Flávia foi transcrita da 2ª Entrevista Reflexiva.

E continua Ciampa (p.133): "Pelo fato [...] de interiorizarmos o que é predicado, a atividade coisifica-se sob forma de uma personagem que subsiste independentemente da atividade que a engendrou e que a deveria sustentar [...]". Breno vendeu seu carro e, agora, utiliza-se de ônibus para seus deslocamentos diários, no entanto, continua sendo identificado como motorista.

Outro olhar sobre essa mesma fala refere-se aos três diferentes tipos de *valor* que podem ser atribuídos a um bem material (nesse caso, ao automóvel ou moto): **valor de uso, valor de troca e valor simbólico** (BAUDRILLARD, 1995, p.159; FURTADO, 1996, p.17). O valor de uso é potencializado pelo valor simbólico. Nesse caso, o automóvel não é percebido apenas como um meio de transporte de pessoas (valor de uso), mas, em uma sociedade de consumo como a nossa, possuí-lo certamente irá conferir *status* social, prestígio, importância, poder e independência ao possuidor/a. "A gente não é nada sem um carro" (grifo meu).

Dirigir é **prazeroso**, é um **sonho**, um **desejo** e, também, um **privilégio**. Em um dos momentos da Entrevista Reflexiva, um dos participantes chegou a afirmar que o conforto de se estar em um carro, e não em um ônibus, acarretaria, necessariamente, a aceitação das condições de congestionamento e de outras situações adversas, concepção ratificada pelos/as demais participantes. Não deixa de ser também uma crítica ao transporte coletivo de muitas cidades brasileiras, onde circulam ônibus antigos, sem manutenção e limpeza adequadas, e possuidores de degraus altos demais para se poder adentrar ao seu interior.

> *"Se eu estou dirigindo, está um trânsito pesado, congestionado, um monte de coisa que acontece. Mas eu não estou no ônibus, né?" (muitos risos).* (Elson, 2)

> *"Eu podia estar muito pior".* (Elson, 2)

> *"É! Você olha pro ônibus, assim, o pessoal está detonado, segurando as coisas na mão, em pé... com chuva".* (Elson, 2)

Na relação "custo-benefício", de acordo com essa percepção, o benefício de se possuir (ou de se utilizar de) um carro é maximizado, acarretando aos condutores/as e acompanhantes suportarem, pacientemente, os custos decorrentes.

Esse tipo de argumento foi analisado por Ivan Illich, em sua clássica obra *Energia e equidade,* quando se refere às pessoas que se convertem em "prisioneiras do veículo que as leva todos os dias de casa para o trabalho" (1975, p.34), e que tomam por território aquilo que não passa de uma paisagem vista através de uma janela, uma vez que estão amarradas ao seu banco (p.42). Para Illich, há um paradoxo: o automóvel, concebido para economizar tempo, agora obriga as pessoas a dedicarem cada vez mais tempo aos seus deslocamentos diários. E explica: "um veículo veloz não consome apenas energia; mais importante ainda é o fato de consumir espaço" (p.45). E conclui: "Os paradoxos, contradições e frustrações da circulação contemporânea devem-se ao monopólio exercido pela indústria dos transportes sobre a circulação das pessoas" (p.58).

Por **indústria dos transportes** Illich se refere à apologia do uso de veículos movidos a motores mecânicos para o translado de pessoas e cargas, mesmo quando é possível o uso de força muscular (caminhar, usar bicicleta). E ele nem chegou a ler matéria publicada em jornal brasileiro de circulação nacional, ensinando adolescentes a fazerem aplicações financeiras com o valor da **mesada** que recebem, a partir dos 15 anos, para poderem comprar seu primeiro carro quando completarem 18 anos[90].

Outro discurso que merece reflexão é o que relaciona o **brinquedo** com o sonho e o desejo de dirigir. Segundo Humberto Maturana[91]

---

90 Matéria publicada pelo Caderno Folha Veículos, do jornal *Folha de S. Paulo,* durante o segundo semestre de 2000.

91 Humberto Maturana Romesin, biólogo chileno, estudou Medicina da Universidade do Chile, Biologia e Anatomia na Inglaterra e nos Estados Unidos. Obteve o doutorado em Biologia na Universidade de Harvard (EUA). Foi professor titular da Faculdade de Ciências da Universidade do Chile, na Universidade Metropolitana de Ciências da Educação e no Instituto de Terapia Familiar

(1994), em uma sociedade caracterizada pela **cultura patriarcal**[92], como ainda é o caso da nossa, atributos como coragem, iniciativa, capacidade, segurança, força e competência, entre outros, foram (ainda são?) considerados "naturalmente" masculinos e, consequentemente, associados aos meninos e aos homens, enquanto atributos como medo, dependência, insegurança, incapacidade, dúvida e incompetência, entre outros, foram (ainda são?) considerados "naturalmente" femininos e, em decorrência, atribuídos às meninas e às mulheres.

Não será por mero acaso, então, que as miniaturas de automóveis, jipes, caminhões, tanques de guerra, motos, aviões, postos de gasolina, bem como autoramas e ferroramas foram (são?) classificados como **brinquedos de meninos** e a eles presenteados em datas comemorativas. Afinal, brincar com eles desenvolve coragem, iniciativa, inteligência e competência. Por outro lado, os vários modelos de bonecas, bem como todas as miniaturas de móveis, eletrodomésticos e utensílios de cozinha foram (são?) considerados **brinquedos de meninas** e a elas oferecidos em datas significativas. Brincar com eles não exige mais do que a capacidade de imitação, talvez até para **"poupar a fraqueza de seus cérebros"**, como afirmava o Código de Napoleão Bonaparte (apud STARR, 1993), que embasou algumas Constituições brasileiras.

Não será, também, por mero acaso, que os números atuais referentes a acidentes de trânsito (com ou sem vítimas fatais) indicam

---

de Santiago (Chile). A partir de seu trabalho em Neurobiologia, desenvolveu uma teoria que tem sido chamada de **Teoria Biológica do Conhecer**. Dentre suas várias publicações, podem ser citadas *Amor y Juego: fundamentos olvidados de lo humano*, com Gerda Verden-Zöller (Editorial Instituto de Terapia Cognitiva, Santiago/Chile, 1994), edição brasileira de Palas Athena; *Emociones y lenguage en educación y política* (Ediciones Pedagógicas Chilenas, 1992); *Cognição, ciência e vida cotidiana* (Editora UFMG [editora@bu.ufmg.br], 2000).

92 "O pensamento patriarcal é essencialmente linear, ocorrendo em um cenário caracterizado pela hierarquia, autoridade, obediência e controle, e subordinando a mulher ao homem, como se existisse uma oposição intrínseca entre eles/elas, uma vez que as mulheres são vistas como fontes de perversidade, enquanto os homens são vistos como fontes de virtude" (SPARTI, 1995, p.24). Mas como o patriarcado é um modo de viver, um espaço psíquico, uma cultura, é possível de ser vivido por pessoas dos dois sexos, pois *"hombres y mujeres pueden ser patriarcales asi como hombres y mujeres pueden ser, y han sido, matrísticos"* (MATURANA, 1994, p.37).

serem causados, frequentemente, por jovens do sexo masculino, entre 17 e 26 anos, porque os atributos considerados "naturalmente" masculinos e femininos, na realidade, não resultam do **determinismo biológico**, mas da **construção social da realidade,** como explicam Berger e Luckmann (1993). **O carro de brinquedo vai alimentar o desejo do carro de verdade.** Meninos e adolescentes do sexo masculino são frequentemente levados a dirigir o carro da família, mesmo quando ainda não são habilitados para tal, do que suas irmãs: tirar o carro da garagem, fazer pequenas manobras, levá-lo até o lavador ou ir até a padaria do bairro são tarefas atribuídas aos meninos, geralmente, a partir dos 14 anos.

Por outro lado, meninos e adolescentes do sexo masculino solicitam, mais insistentemente do que meninas e adolescentes do sexo feminino, a realização desses **favores** aos seus pais, favores estes que envolvem o ato de dirigir carro, porque suas solicitações são mais facilmente por eles atendidas, do que as de suas irmãs, dessa mesma faixa etária.

Mais recentemente, o carro de brinquedo também está sendo associado às bonecas, ou melhor, a uma delas, chamada Barbie, o que levou uma participante a afirmar: *"meu sonho era ter um carro igual ao da Barbie"* (Geni, 2), porque *"chega um momento em que o carro da Barbie também já não é mais suficiente"* (Vera, 2) e a menina quer um carro de verdade para dirigir. O processo de **construção social** está começando a indicar que dirigir também pode ser considerada atividade feminina.

2ª CATEGORIA – DIREÇÃO VEICULAR E FAMÍLIA

Os 36 códigos resultantes das Entrevistas Reflexivas embasam esta categoria.

Todos/as participantes fizeram referência às atitudes de seus familiares (principalmente do pai e da mãe) relativas ao seu processo de aprender a dirigir, desde aqueles/as que aprenderam com seus pais até os que foram proibidos/as de dirigir o carro da família antes de obterem a Carteira Nacional de Habilitação ou a Licença para Dirigir.

Na maior parte das famílias dos entrevistados/as, a preferência por ensinar os filhos/as a dirigir parece ser decorrência da confiança que os pais (pai e mãe) depositam em si mesmos, como professores, ao mesmo tempo em que tecem críticas à atuação das autoescolas ou, atualmente, aos Centros de Formação de Condutores (CFC). Em somente duas delas, os pais (pai e mãe) orientaram seus filhos e filhas a aprenderem a dirigir somente na autoescola, por temerem **pela vida deles e de terceiros**, caso dirigissem sem a Carteira de Habilitação. Mas, em uma dessas duas famílias, a mãe autorizou o filho a dirigir escondido do pai.

> *"Para mim, ele nunca falou nada. Minha mãe dizia que era porque podia acontecer alguma coisa por eu ser novo. Não tanto pelo carro, o material, mas por mim e pelo que eu poderia fazer com outra pessoa".* (Victor, 1)

> *"[...] eu comecei pegar o carro na cidade, perto de casa, com autorização da minha mãe, mas escondido do meu pai... [...] E, aí, quando foi para tirar a Carta, eu fiz só 4 aulas. [...] Passei".* (Lucas, 1)

Os discursos desses jovens e dessas jovens permitiram identificar diferentes sentidos do dirigir existentes entre pais e filhos/as. Para os pais (pais e mães), o ato de dirigir deve demandar prudência, cautela, cuidados constantes consigo mesmo e com as outras pessoas que também estão circulando. Para os/as jovens, dirigir simboliza prazer, desejo, independência, liberdade, afirmação pessoal, realização de um sonho. O fato de o automóvel ser um meio de locomoção e um equipamento para transporte não foi mencionado.

Essa diferença de sentidos não ocorreu somente antes de o filho/a aprender a dirigir, uma vez que permaneceu mesmo depois de ele ser habilitado/a para conduzir veículo automotor. Alice contou que, depois que obteve a Carteira Nacional de Habilitação, começaram a ocorrer várias restrições da parte de seus pais: ela só podia dirigir durante o dia, não podia pegar estrada, entre outras. Lucas se referiu a essa situação dizendo: *"depois, acaba quebrando um pouco do sonho"* (Entrevista 1).

Também foi possível observar que nas duas famílias em que os pais eram habilitados para dirigir, mas não possuíam automóvel, os filhos/as, ao completarem 18 anos, não demonstravam ter urgência para aprender a dirigir, como ilustram as falas seguintes:

> *"São [habilitados], os dois. Mas não têm carro. Eles têm a Carteira, eles sabem dirigir, mas eles não têm carro. Não praticam".* (Vera, 1)

> *"Eu... na minha família, a gente nunca teve carro em casa. Então, quando eu fiz 18 anos, eu nem me interessei em tirar Carta. Depois de um tempo em que eu estava namorando o meu atual marido, ele tinha carro e daí eu resolvi tirar a Carta, para ter, se eu precisasse dirigir".* (Vera, 1)

A família de Vera, mesmo sem possuir carro, certamente não deixou de circular pela cidade, impulsionada pelas necessidades de trabalho, estudo, lazer, compras, entre outras, mas encontrou outras maneiras de se locomover: utilizar ônibus, andar a pé, usar bicicleta. Nesse caso, a ausência do carro não impediu a circulação dessas pessoas porque, como lembra Illich (1975, p.48), "a deslocação em massa não é coisa nova; [...] nova é a dependência para com o veículo destinado a fazer o trajeto diário de ida e volta". No entanto, quando Vera começou a namorar, mesmo sabendo que sua família permaneceu sem automóvel, ela resolveu aprender a dirigir porque seu namorado possuía carro. Começou, então, a considerar importante ter carro e saber dirigir. A pressão social exercida pelos amigos e amigas e pela máquina publicitária, em uma sociedade de consumo como a nossa, fortaleceu sua decisão de obter a Carteira Nacional de Habilitação.

Em três casos, as famílias demonstraram interesse na obtenção da Carteira de Habilitação de seus filhos/as, para poderem com eles/as dividir as atividades diárias que realizam com o automóvel, tais como: fazer compras, levar crianças à escola, entregar filhotes de cães aos compradores ou levá-los ao veterinário, dentre muitas outras. Nesses casos, o ato de dirigir é visto como uma **necessidade**. A fala da Helenice ilustra essa situação:

> *"Quando eu completei 18 anos [...] por causa desses acidentes, eu tinha medo de dirigir [...]. Eu não sofri acidente, mas era de ver... [...] Quando eu estava para completar 20 anos, no ano passado, minha mãe começou a insistir comigo para eu tirar a Carta e para estar ajudando ela: estar levando e trazendo meus irmãos, essas coisas e tal".* (Helenice, 2)

O fato de esta categoria comportar duas subcategorias, denominadas Encontrando Apoio Familiar e Encontrando Restrição Familiar, sugere a gama de contradições vivenciadas pelos/as jovens, em relação ao ato de dirigir carros, decorrentes das variadas reações familiares a esse respeito, denotando incertezas, exceções, inseguranças, tais como: da proibição de dirigir sem a Carteira de Habilitação à sua permissão para fazê-lo; da orientação para aprender a dirigir somente na autoescola e/ou no Centro de Formação de Condutores às aulas ministradas pelos próprios pais (pai ou mãe); da tolerância para dirigir sem Carta apenas em estradas de terra, de pouco movimento, à aceitação do filho/a dirigir na cidade; da obediência à legislação que determina transportar crianças somente no banco traseiro à exceção de dirigir com o filho pequeno no colo, movimentando o volante.

3ª CATEGORIA – CRITICANDO A AUTOESCOLA

Os 68 códigos resultantes das duas Entrevistas constituem esta categoria.

Todos/as teceram severas críticas ao modo como "aprenderam" a dirigir na autoescola (antes do atual Código de Trânsito Brasileiro) ou no Centro de Formação de Condutores (após a vigência do atual Código, aprovado em setembro de 1997). As críticas fizeram referência tanto aos **aspectos técnicos** quanto aos **aspectos éticos** envolvidos.

Em relação aos **aspectos técnicos**, os entrevistados/as afirmaram que o ensino foi parcial e mutilado, pois não aprenderam a usar terceira e quarta marchas, faróis e limpador de pára-brisa. Contaram terem realizado **baliza** utilizando marcações feitas com cabos de vassouras e somente do lado que iria cair no exame. Não dirigiram à noite, nem em estrada; o espaço de que dispunham para estacionar na garagem era maior do que o necessário; e aprenderam a dar ré somente para fazer **baliza.**

> "A autoescola, para mim […] foi um roubo de dinheiro porque eu não aprendi nada […] eles ensinam só o macete pra passar na prova. […] Não ensinam a dirigir, não ensinam a estacionar". (Valter, 1)

As críticas também foram dirigidas ao modo (superficial, e até mesmo errôneo em alguns casos) como o Centro de Formação de Condutores (CFC) trabalhou os conteúdos específicos relativos aos **Primeiros Socorros** e **Noções de Mecânica.** Em um dos CFC, por exemplo, afirmaram ter sido ensinados a "puxar o pescoço da pessoa acidentada" para colocá-lo no lugar, além de terem sido constantemente incentivados a socorrer. Acreditam, no entanto, que melhor seria se os candidatos/as fossem orientados/as a chamar o Resgate, uma vez que o socorro errôneo (como aprenderam na faculdade) pode vitimizar até mais do que o próprio acidente. Afirmaram, também, que os ensinamentos sobre **mecânica** foram superficiais e apenas teóricos. A avaliação, realizada logo após a explicação, foi responsável pelo fato de uma participante ter obtido nota máxima na prova, mas não saber trocar pneu.

> "Daí, me fizeram de cobaia em Primeiros Socorros. E, quando eu vi, estavam fazendo tudo errado em mim. [...] Se alguém vier me socorrer e tiver aprendido Primeiros Socorros no CFC... Tira a mão de mim, entendeu? [...]" (Alice, 1)

> "Mas eles ensinam bem errado, mesmo! O meu irmão fez esse curso [...], por esse novo Código. Eles ainda falaram assim: que se houver algum acidente na rua e a pessoa tiver algum problema no pescoço, você pega e puxa, assim (fazendo gestos para demonstrar) e você põe no lugar!" (muitos, muitos risos). (Vera, 1)

> "[...] eu achei o CFC inútil. Isso eu achei. Tive Curso de Mecânica... Tive, tirei 10 na provinha. Lindo. Mas eu não sei trocar um pneu! Juro". (Alice, 1)

Esse discurso da prudência, desses/as jovens, e também as críticas dirigidas à autoescola, de maneira geral, e ao modo como essa instituição escolar conduziu o processo ensino-aprendizagem, relativo a dirigir veículos automotores, em particular, nem sempre foram acompanhados de condução veicular, também prudente, por parte deles próprios/as. Em alguns momentos das Entrevistas Reflexivas admitiram beber e dirigir; em outros, consideraram o excesso de velocidade, na cidade e na estrada, seu maior problema como motorista. **Discurso da prudência e direção de risco**... mas não em todas as vezes que dirigem, nem todos/as eles e elas.

A teoria freireana pode ajudar na compreensão dessa incoerência juvenil. Freire (1997, p.106) diz que na educação libertadora, a que promove o desenvolvimento de consciência através do diálogo e da constante reflexão sobre a prática, "o ensino dos conteúdos implica o testemunho ético do professor", a prática testemunhal, a aproximação cada vez maior entre o que ele diz e o que faz, o esforço para diminuir a distância entre o discurso e a prática, a fim de agir com **coerência**.

Então:

1. se os/as jovens não testemunham os adultos que atuam na autoescola agirem coerentemente;
2. se esse aprendizado, em muitos tempos e espaços, é uma prática do **faz de conta**, em que o professor/a finge que ensinou e o aluno/a finge que aprendeu;
3. se o instrutor/a ensina a fazer **baliza** apenas do lado que cai no exame, dispensa o aprendizado de **garagem**, permite engatar somente até terceira marcha (**aspectos técnicos**);
4. se o examinador/a não inclui a **rampa** nos itens a serem avaliados; porque é amigo do pai do jovem e o instrutor/a propõe a compra da Carta aos/às que foram reprovados/as (**aspectos éticos**), é muito difícil que os/as jovens, na contramão dos exemplos, venham a se comportar com coerência em situação de trânsito.

> "*Saber,* [o que é correto] *todo mundo sabe; mas nem todo mundo faz!*". (Geni, 2)

Quanto às noções de **Cidadania e Meio Ambiente**, opinaram que estas devem ser ensinadas às crianças desde muito pequenas, com muitos exemplos, pois não acreditam que apenas duas aulas sobre esses assuntos na autoescola sejam suficientes para mudar hábitos de pessoas que estejam habituadas a jogar lixo na rua ou através das janelas de carros e ônibus (papéis, latinhas de refrigerantes, salgadinhos, dentre muitos outros exemplos).

Em relação aos **aspectos éticos**, as críticas recaíram sobre a possibilidade de compra da Carta pelos candidatos/as reprovados/as que, por sua vez, deveriam formar grupos de cinco pessoas para poderem iniciar o processo. Colocaram em dúvida, também, a real necessidade de maior número de aulas práticas, para alguns/algumas candidatos/as, quando recomendado pelo instrutor, deixando subentendido que a motivação financeira seria a principal.

Tendo por base o discurso dos entrevistados/as, tanto a autoescola, quando da vigência da anterior Legislação de Trânsito, quanto os atuais Centros de Formação de Condutores (CFC), a partir do atual Código de Trânsito Brasileiro, aprovado em 1997, parecem não estar cumprindo sua importante função de bem capacitar futuros condutores/as de veículos automotores. As críticas são contundentes, em duplo aspecto — **técnico e ético** — e não se referem a uma localidade, em particular; ao contrário, indicam abrangência de procedimento, considerando que esses universitários/as são provenientes de sete diferentes cidades do estado de São Paulo, incluindo a capital.

O processo ensino-aprendizagem, predominante nessas instituições de ensino que objetivam capacitar futuros/as motoristas, ilustra a **concepção bancária de educação**, no sentido que o educador Paulo Freire (2003) lhe atribui:

1. aprendizagem mecânica, em lugar de reflexiva;
2. decoração do conteúdo mínimo depositado pelo professor/instrutor, em lugar de apreensão do objeto cognoscível (objeto do conhecimento);
3. memorização dos conteúdos para a prova (neste caso, o exame para obtenção da Carteira Nacional de Habilitação) e não para a vida;
4. avaliação considerada como fim em si mesma, e não como meio, posto ser parte integrante do processo ensino-aprendizagem.

Parece haver uma ação integrada entre muitos instrutores/as, examinadores/as e outras pessoas envolvidas no processo de obtenção da Carteira Nacional de Habilitação para ganhar sempre mais dinheiro, mesmo que através da corrupção, considerando cada candidato/a um potencial comprador/a da Carta, apesar das seríssimas consequências de se considerar habilitado/a para circular, como motorista, no espaço compartilhado chamado trânsito, quem não o seja de fato, ainda que o possa ser de direito.

Em uma situação assim caracterizada, "não pode haver conhecimento pois os educandos não são chamados a conhecer, mas a memorizar o conteúdo narrado pelo educador" (FREIRE, 2003, p.69). E continua:

> Quanto mais se exercitem os educandos nos arquivamentos dos depósitos que lhes são feitos, tanto menos desenvolverão em si a consciência crítica de que resultaria a sua inserção no mundo, como transformadores dele. Como sujeitos. (FREIRE, 2003, p.60)

> *"É assim: faz de conta que ensinou... faz de conta que aprendeu".* (Vera, 2)

E quem educa os educadores/as que atuam nas autoescolas ou nos atuais Centros de Formação de Condutores (CFC)? As universidades?

4ª CATEGORIA – CRITICANDO O EXAME DE HABILITAÇÃO

Os 52 códigos resultantes das Entrevistas compõem esta categoria.

As críticas formuladas nesta categoria, a exemplo da anterior, também focalizaram tanto os **aspectos técnicos** quanto os **aspectos éticos**.

Em relação aos **aspectos técnicos**, foram unânimes em criticar a falta de padronização do exame para obtenção da Carteira Nacional de Habilitação, antes e depois do atual Código de Trânsito Brasileiro, pois apesar de residirem em Sorocaba, enquanto cursam a universidade, são provenientes de sete diferentes cidades do estado de São Paulo (Batatais, Itapetininga, Jacareí, Piracicaba, Salto, São Paulo e Sorocaba). Ao descreverem o exame ao qual foram submetidos/as, ratificaram as próprias críticas. Elson, por exemplo, afirmou ter feito um ditado de Português quando foi tirar a Carta, em São Paulo. Foi um ditado de uma frase curta, que cabia em uma linha, cujo objetivo era a identificação de analfabetos/as, de acordo com as explicações recebidas por ele. Seu relato, durante a Primeira Entrevista Reflexiva, foi motivo de muito riso de parte dos/as demais participantes, uma vez que não vivenciaram situação semelhante.

> *"A única coisa que eu escrevi [...] foi um ditado. [...] O cara ditou uma frase. Eu não estou brincando! [...] Era pra ver se eu sabia escrever ou não! [...] No Detran de São Paulo, eu tirei Carta no ano de 1996. [...] Era uma frase curta, mas uma coisa, assim, ridícula. E a senhora que falou, falou duas vezes, uma frase que cabia numa linha!".* (Elson, 1)

Outro aspecto focalizado, após entrar em vigência o atual Código de Trânsito Brasileiro, foi a redução do tempo de **percurso** para cada candidato/a, uma vez que, em alguns casos, acaba consistindo em apenas realizar o **percurso** em somente um quarto de quarteirão, em rua de movimento bastante reduzido. Um participante afirmou ter sido dispensado de fazer **rampa** e, durante o **percurso**, só ter feito curva para a direita.

> *"E, além disso, o examinador que me pegou, ele era meio conhecido do meu pai. A gente saiu da baliza [...] e ele disse – "Ah!, não precisa fazer rampa" [...] Não dei seta... não fiz nada! [...] Tudo o que eu sei, aliás, eu aprendi dirigindo nas ruas, depois da Carta".* (Valter, 1)

Em síntese, deram a entender que o exame prático é muito falho e fácil, mesmo depois do atual Código, não chegando a avaliar corretamente o candidato/a. Esse fato levou Lucas a afirmar que *"teria medo de ser pedestre de um motorista recente"* (1), ao se lembrar do seu papel complementar no espaço de circulação humana.

A exceção ficou por conta do exame realizado por Victor, para obter a Carteira de Habilitação Profissional, a fim de poder dirigir caminhão, ainda na vigência do antigo Código de Trânsito. Ele afirmou ter dirigido por 15 minutos, durante o exame, feito rampa de ré e dado ré de 100 metros, aproximadamente. Tudo isso com outro candidato aguardando, na caçamba do caminhão em movimento, o momento de realizar seu exame.

> "Acho que andei uns 15 ou 20 minutos. Eu tinha que fazer uma rampa de ré e fazer uma ré de uns 100 metros, mais ou menos, com o caminhão, acompanhando a guia". (Victor, 1)

Em relação aos **aspectos éticos**, assim como na Categoria anterior, a crítica recaiu sobre questões relacionadas às propinas e à corrupção. Os/as participantes afirmaram que muitos examinadores procuram falsos erros para reprovar os candidatos/as, a fim de que eles/as paguem nova taxa para realizar o exame, além de mais duas aulas práticas. No caso de reprovação, afirmaram que a **negociação** começa a ser feita ainda dentro do carro da autoescola, tendo o próprio examinador a iniciativa de ensinar como proceder para comprar a Carta.

Foi relatado um caso ocorrido com a ex-namorada de um dos participantes, após a vigência do atual Código de Trânsito. Ele afirmou que ela foi reprovada no primeiro exame e recebeu a oferta de compra da Carta, se pagasse a importância de R$ 100,00 (cem reais). Como tinha se recusado a pagar esse valor e comprar a Carta, por questão de princípios, foi reprovada também no segundo e no terceiro exames, embora tenha afirmado não ter cometido erro. Somente foi aprovada no quarto exame, após ter pago a importância de R$ 100,00 (cem reais).

> "[...] *Foi oferecido pra ela — 'Se você quiser a Carta, você não faz mais o Exame. Então, você vem só para fingir que fez o Exame, paga R$ 100,00 e tem a sua Carta'.* [...] *Só numa quarta vez, depois de ter pago R$ 100,00, ela foi aprovada*". (Lucas, 1)

Disseram, ainda, que os candidatos/as mais inseguros/as, como os/as adolescentes, são os alvos preferidos dos **vendedores de Carta**, quando reprovados/as. Como, então, ensinar noções de **Cidadania no Trânsito** nos Centros de Formação de Condutores se, na prática, esses esquemas de corrupção irão solapar os ensinamentos teóricos?

Examinador corrupto, carta que pode ser comprada, exame facilitado, obrigatoriedade do uso de cadeirinhas para o transporte de crianças no banco traseiro do automóvel, mas os modelos adequados encontrados no Brasil são importados, revogação da obrigatoriedade do porte do estojo de primeiros socorros logo após sua aquisição, legislação de trânsito possuindo ainda vários artigos não regulamentados, essas e outras situações contribuem para os/as jovens terem como referência um mundo adulto transgressor. E se perguntam: "Por que eu preciso seguir as regras se muitos adultos não as seguem?". Esse lado negativo do mundo adulto apresenta-se associado à direção veicular. A transgressão, portanto, está presente no significado do dirigir.

5ª CATEGORIA – CRITICANDO A LEGISLAÇÃO DE TRÂNSITO

Os 24 códigos resultantes das Entrevistas constituem esta categoria.

Talvez pelo fato de serem universitários/as da área da saúde, as primeiras e mais pormenorizadas críticas foram dirigidas à obrigatoriedade do **Estojo de Primeiros Socorros** nos veículos. Essa obrigatoriedade durou curto período, deixando de existir a partir do reconhecimento da pequena utilidade desse Estojo, pois geralmente o acidentado/a requer cuidados que ele não poderia proporcionar. Esse Estojo continha, por exemplo, *band-aid*, gaze, tesoura de plástico com pequeno corte, dentre outros utensílios.

> "[...] aquele negócio que o governo mandou colocar, o Estojo de Primeiros Socorros é ridículo, porque aquilo estimula o pessoal a botar a mão". (Valter, 1)

> "Uma tesourinha de plástico que vinha nos kits que não corta nem vento direito...". (Lucas, 1)

> "Mesmo que fosse um profissional trabalhando ali, aquele kit não serve pra nada!". (Vera, 1)

Em outros momentos da Entrevista Reflexiva, não criticaram o Código de Trânsito propriamente dito, mas duvidaram da aplicação de alguns de seus artigos. Victor, um dos participantes, relatou que sua namorada, que estava com a Licença para Dirigir, não foi punida, apesar do grave acidente provocado, e recebeu a Carteira de Habilitação definitiva. Alice, uma das participantes, contou que uma amiga sua, que já estava quase com 20 pontos, conseguiu que os pontos da sua última multa fossem para a Carteira da sua mãe, que não tinha ponto.

> "Ah! Eu não sei se essas punições que eles estão falando que vão aplicar acontecem mesmo. Eu tenho uma namorada que ela estava com a Permissão para Dirigir e ela bateu e foi um acidente grave. Até o motoqueiro quase morreu. E não aconteceu nada com ela! Nenhuma punição, não perdeu a Carteira, nada!". (Victor, 2)

> "[...] minha amiga [...] já aconteceu dela estar com os pontos estourando e ela tomar uma multa e os pontos foram pra Carteira da mãe dela. São cinco motoristas em casa. [...] Dá pra distribuir pra todo mundo. Ali eles não vão perder a Carteira nunca!". (Alice, 2)

> "E os pontos são válidos por um ano. Depois, caducam. É isso?". (Vera, 2)

> "É um ano da data da multa. Não caem todos os pontos, de uma vez". (Valter, 2)

O descrédito desses/as jovens ocorre, provavelmente, pelo descompasso existente entre a teoria e a prática, dando a entender que a teoria é inimiga da prática, em lugar da relação dialética entre teoria e prática, entre reflexão e ação, que resulta na práxis, conforme a concepção freireana.

Outro aspecto focalizado foi a questão das multas. Afirmaram que o governo está desempenhando o seu papel de punir e que o radar é uma medida eficiente porque atinge o bolso do cidadão/ã. Também disseram haver pessoas querendo ganhar dinheiro à custa de outras, através das multas.

Embora o aspecto punitivo do atual Código de Trânsito Brasileiro tenha sido amplamente divulgado pela imprensa escrita, falada e televisada, tanto na época de sua aprovação, em 1997, quanto atualmente, ele também enfatiza a educação para o trânsito, da pré-escola ao ensino universitário. Falta, no entanto, ampliar essa atuação e, em alguns casos, rever a metodologia utilizada.

Outra leitura que pode ser feita desses discursos dos entrevistados/as é o fato de que mesmo uma boa legislação de trânsito (como é o caso do atual Código de Trânsito Brasileiro, segundo análise de especialistas), **embora necessária, não chega a ser condição suficiente** para a construção de um trânsito menos violento. É necessário que a leitura da palavra seja acompanhada da leitura do mundo (FREIRE, 2003), e que a **educação libertadora** (ou **problematizadora**) permeie as experiências educacionais no âmbito do trânsito. Acentuando a domesticação dos educandos/as e não o desenvolvimento da consciência, permaneceremos, muito provavelmente, nesse descompasso.

No entanto, embora necessário, não é somente promovendo o desenvolvimento de consciência dos futuros/as motoristas que a construção de um trânsito humanizado — **o inédito viável**, na concepção freireana — estará sendo possível. É preciso envolver todas as pessoas que atuam nesse espaço chamado trânsito: gestores, legisladores, engenheiros, psicólogos, autoridades federais, estaduais e municipais, delegados, examinadores, instrutores, entre outros/as, pois, como ensina Freire (1997), ninguém se educa sozinho; as pessoas se educam em comunhão, umas com as outras.

6ª CATEGORIA – ENCONTRANDO ASPECTOS POSITIVOS NA AUTOESCOLA

Os 36 códigos resultantes das Entrevistas constituem esta categoria.

Em meio à avalanche de críticas às autoescolas e ao modo como foram realizados os exames para obtenção da Carteira Nacional de Habilitação, uma das participantes afirmou que havia gostado da autoescola que frequentou, pois acredita ter sido menos ruim do que as de seus/suas colegas. Afirmou ter entrado sem saber dirigir e com o que lá aprendeu conseguiu ser aprovada no primeiro exame. Não recebeu proposta para comprar a Carta nem observou essa situação acontecendo com colegas.

> *"Eu não sei se eu peguei uma autoescola, assim, menos pior que eles. (risos). Eles me ensinaram. [...] Ele me ensinou a fazer baliza do outro lado [...] que não o da prova. Andei no trânsito. [...] mas eu andei na parte de maior movimento da cidade".* (Alice,1)

O impacto dessa afirmação divergente ocasionou alguns segundos de silêncio, produzindo lembranças de aspectos positivos das autoescolas.

Embora os entrevistados/as tenham identificado alguma positividade no ensino ministrado, uma análise dos itens apontados indica serem eles mais **pontuais** do que **processuais**. Em outras palavras, revelam aspectos específicos, como ensinar o uso dos faróis, da 4ª marcha, do limpador de pára-brisas, entre outros, mas não a existência de um projeto pedagógico que, através do processo ensino--aprendizagem, possa ir além da técnica, da formação de hábitos corretos, proporcionando o desenvolvimento da consciência do respeito à vida, própria e das outras pessoas, que certamente encontrarão nesse espaço de circulação humana a que chamamos trânsito.

7ª CATEGORIA – IDENTIFICANDO FATORES CAUSADORES DE DANOS

Os 160 códigos resultantes das Entrevistas compõem esta categoria.

A presente categoria foi construída a partir da identificação de 12 fatores apontados pelos/as participantes como causadores de danos aos/às motoristas e acompanhantes, bem como a terceiros (pedestres, ciclistas, motociclistas, ocupantes de outros veículos). Esses fatores (que originaram as 12 subcategorias) são os seguintes: sonolência; bebida alcoólica; velocidade; competição; vingança; imprudência e desatenção; não utilização de equipamentos de segurança; desrespeito às normas; transporte incorreto; desconhecimento técnico; restrição visual; condições da via.

Desses fatores apontados, as reflexões coletivas foram se voltando a cinco deles: bebida alcoólica, velocidade, vingança, imprudência e desatenção e, finalmente, desrespeito às normas.

O binômio **bebida alcoólica** e **direção veicular** polarizou as discussões a respeito dos fatores causadores de danos. O uso da bebida alcoólica foi apontado como o principal e mais frequente fator relacionado aos graves acidentes de trânsito, geralmente com vítimas fatais. Uma das participantes relatou o acidente que sofreu porque o motorista do caminhão estava alcoolizado e dormiu ao volante. Ela foi jogada para fora da caminhonete em que estava, por não estar usando o cinto de segurança, mas sobreviveu. No entanto, essa colisão frontal resultou na morte de seu namorado, que era habilitado e estava dirigindo a caminhonete. Esse relato desencadeou uma discussão a respeito dos motoristas de ônibus e dos caminhoneiros que dirigem sob o efeito do **rebite** e da irresponsabilidade de muitas transportadoras, por não providenciarem um segundo motorista para viabilizar o revezamento, quando transportam carga perecível em longa distância ou dirigem ônibus interestaduais. O **rebite** foi definido como sendo

> "uma mistura de anfetamina, café e Coca-Cola. E, às vezes, substituem o café por conhaque. É para deixar o motorista bem agitado e dirigir até 36 horas sem dormir". (Victor, 1)

Durante a Entrevista Reflexiva, admitiram beber e dirigir (menos uma participante) mesmo conhecendo os riscos decorrentes. Esse pensamento pode ser ilustrado pelos códigos seguintes:

> "[...] *Todo mundo bebeu... bebeu muito. Eu bebi a noite inteira. Só que eu tava melhor pra dirigir. Não tinha mais ninguém pra dirigir! Eu tive que levar a turma até em casa. Eu tava melhor. E eu tinha bebido a noite inteira!*". (Geni, 2)

> "*Pra mim, eu só dirijo mais devagar quando eu bebo. E, com certeza, pior!*". (Lucas, 2)

À medida que a reflexão sobre o binômio bebida alcoólica e direção veicular foi avançando, foram direcionando para outras pessoas: motoristas de ônibus e de caminhão. Embora tenham focalizado aspectos relevantes, demoraram um pouco para se colocarem pessoalmente sobre o assunto. No entanto, o clima de confiança que caracterizou esses encontros possibilitou o surgimento das colocações pessoais. Esse fator, por eles/as próprios/as identificado como causador de danos, também parece estar ratificando sentimentos de independência e prazer que o ato de dirigir pode proporcionar, conforme explicitados na 1ª Categoria – Significados do Dirigir. Beber e dirigir é **perigoso**, mas também pode ser **prazeroso**. Alguns/algumas jovens podem querer, simultaneamente, sentir o prazer que a bebida proporciona, experienciar a situação de liberdade em relação às normas e provar (para si e para outrem) que são capazes de dirigir sob essas condições adversas.

Mas qual é a força das normas diante da pressão grupal para acompanhar comportamentos transgressores, como beber e dirigir ou correr além do permitido? Se nesse ambiente opressor um/a jovem consegue resistir à pressão grupal pensando *"Eu quero viver"*, ainda assim, sua preocupação, embora legítima, não deixa de ser autocentrada e, consequentemente, imatura. Desenvolver a consciência significa cada pessoa ser capaz de sair de si mesma e olhar **o outro**; é um processo de circular e continuar vivendo. Muitas vezes, os/as jovens (e não somente eles e elas) estão fechados/as ao significado do dirigir, compartilhando espaços.

Outro fator causador de dano, por eles/as considerado relevante, é o **excesso de velocidade**. No entanto, vários/as estudantes admitiram ser esse, atualmente, seu maior problema ao dirigir, por diferentes motivos: por estar atrasado/a; para compensar trânsito lento; por se sentir mais seguro/a ao volante; por dirigir cantando e ficar mais solto/a; por se considerar o bom/boa ao volante. Reconheceram ser uma atitude incoerente e arriscada, mas afirmaram diminuir a velocidade ao perceberem que estão excedendo. No entanto, afirmaram também dirigir no limite permitido por pouco tempo, ultrapassando-o, novamente. Um dos participantes admitiu aceitar carona de amigo que estuda em outra universidade, e que dirige a 180 km em trecho de estrada cujo limite máximo permitido é 110 km/h. Afirmou já ter pensado que poderia ter morrido, mas disse estar disposto a aceitar essa carona novamente. Quando por mim indagado a respeito, explicou endossar a ideia de uma participante, de que a probabilidade de não ocorrer o acidente é maior do que a de ocorrer.

> *"[...] dirijo bem, na técnica, mas o meu problema é velocidade. [...] Eu não tenho controle". (Geni,1)*

> *"[...] eu acho que eu dirijo, hoje, um pouquinho melhor, mas, como a Geni falou, o meu problema também é velocidade! [...] eu pego a estrada, assim, sempre acima do limite de velocidade. [...] E na cidade, tudo". (Lucas, 1)*

> *"Eu vejo isso na estrada. Eu gosto de ouvir música alta. Daí eu canto junto, sozinha. [...] e, quando eu olho, eu estou muito acima do limite". (Geni, 1)*

Embora apontada como fator causador de dano, a **velocidade** também pode proporcionar prazer. Essa é uma leitura possível dos discursos dos entrevistados/as. Daí o conflito entre o dever e o prazer, entre a obediência e a transgressão. Entre o dever de obedecer as normas de segurança e o prazer de correr para superar atrasos, compensar lentidão, ratificar ousadia e competência ao volante e obter admiração de seus pares.

A crença de que **a probabilidade do acidente não ocorrer é maior do que a de ocorrer** é reforçada cada vez que, apesar dos riscos, o acidente não se concretizou. E como postula Gerald Wilde (1994), assumir um risco significa expor-se a uma potencial perda, embora haja também um "benefício" nessa situação.

Em relação às atitudes de **competição** e **vingança**, pode-se dizer que os/as participantes ficaram divididos em dois grupos: o dos/as que costumam revidar ofensas e o dos/as que desculpam. Um dos participantes afirmou que toda vez que sofre injustiça no trânsito tenta alcançar o outro carro, emparelhar, buzinar, xingar e fazer cara feia para dizer que o outro está errado. Indagado por outro participante se procedia desse mesmo modo quando residiu em São Paulo para fazer cursinho, respondeu afirmativamente. Então, este falou: "A gente quer você vivo, cara!" (Elson, 2). Seguiu-se longo silêncio, ao fim do qual o "infrator" sorriu levemente para os/as colegas, talvez surpreso pela solidariedade do grupo. Silêncio caracterizado por múltiplos olhares entre todos eles/elas. Silêncio que possibilita, como lembra Dulce Critelli (2002, p.12),

> o desvelamento do que quer se mostrar a nós. O silêncio é uma clareira, uma luz sob a qual pode se refletir aquilo que antes vivia nas trevas. O espanto, o silêncio, a luz se unem para refletir (daí a reflexão) o que e como as coisas são. Só depois é que sentiremos a necessidade de sair do silêncio. De ir em busca de palavras para exprimir e comunicar nossa descoberta.

"[...] se alguém fizer uma cagada no trânsito, comigo, eu vou xingar; não vou deixar de xingar, não! Vou parar o meu carro do lado do dele. Não deixo passar". (Lucas, 2)

"[...] Se alguém fez alguma coisa errada [...] eu vou tentar alcançar, vou tentar parar do lado, vou olhar, vou buzinar e vou fazer cara feia. Pra dizer que ela está errada, e eu não. Não sou tonta, não sou trouxa!". (Geni, 2)

Essas atitudes de **competição e vingança** expressas pelas falas acima decorrem do sentido de dirigir voltado à **necessidade de afirmação pessoal**, revelado na 1ª Categoria. Por outro lado, alguns/algumas participantes afirmaram achar ridículo quando um/a motorista chama outro/a para **racha**. Disseram, também, evitar xingar para não ficarem alterados e provocar, em decorrência, algum acidente.

Reações de competição e vingança podem ser manifestações da necessidade de autoafirmação (que é uma subcategoria da 1ª Categoria — Significados do Dirigir) e denotam a presença de outras pessoas nesse espaço compartilhado a que chamamos trânsito. Compartilhado, em termos, porque "o outro" pode ser visto, por alguns/algumas motoristas, como obstáculo ao seu caminho, simplesmente por estar em sua frente; como competidor que deve ser vencido, por ter um carro mais possante; como inimigo que precisa ser punido, por ter feito uma manobra indevida; menos como companheiro/a de jornada, com o mesmo direito de uso das vias públicas e sujeito às mesmas situações adversas do percurso, tais como congestionamentos, obras nas vias, chuva torrencial, desvios de pistas, além de estados emocionais desfavoráveis. Mágoas, angústias, ressentimentos e outras reações emocionais vivenciadas na família, no trabalho, no lazer, no condomínio e em outras situações da vida cotidiana podem ser deslocadas para a arena do trânsito. Então, outro sentido do dirigir resultante do desvelamento do discurso desses/as jovens, é dirigir para afogar as mágoas.

O **deslocamento emocional** vem a ser a expressão de uma emoção, não para o alvo original (pessoa ou grupo), mas para um alvo secundário, de menor força física e/ou autoridade, geralmente denominado **bode expiatório**. Dessa maneira, a raiva que uma pessoa sente de seu chefe pode ser deslocada ao/à adolescente recentemente habilitado que buzinou sem necessidade, e assim por diante.

Imprudência e **desatenção** também foram fatores lembrados pelos/as participantes, como sendo mais frequentes nos primeiros anos de Carta, porque o/a motorista novo/a não tem muita experiência e, geralmente, quer aparecer. Dentre os vários exemplos de imprudência, citaram o fato de jogar lixo pela janela dos veículos e abusar da velocidade porque o carro tem mais equipamentos de segurança. Relataram acidentes que sofreram quando tinham pouco tempo de Carta e perderam o controle do carro: um dos participantes colidiu com um muro, causando ferimentos em seus três acompanhantes, que também eram seus colegas de classe, na universidade; outra, não conseguindo frear a tempo, causou forte colisão traseira. Ainda houve o relato de um capotamento sofrido por uma amiga da família de uma das participantes, por ficar desatenta ao perceber uma briga de suas duas filhas pequenas, que estavam no banco traseiro. Nesse acidente, causado por desatenção, uma das meninas veio a falecer.

> "[...] *porque quando ocorre a maior probabilidade de acidentes são nos primeiros anos de Carta*". (Breno, 2)

> "*A gente é mais novo, quer aparecer...*". (Victor, 2)

> "*Se a pessoa tem um carro que tem ABS, que tem duplo airbag, que tem cinto de três pontos, então pode ousar mais? Pode abusar mais? Tem muita gente que pensa assim!*". (Vera, 2)

> "[...] *por mais que não tenha acontecido nada grave, eu não consegui dormir dois dias, porque você fica pensando...* [...]

> *Imagine como seria se alguma coisa mais complexa tivesse acontecido!".* (Breno, 2)

Em relação ao **desrespeito às normas**, afirmaram que *"saber [o que é correto] todo mundo sabe; mas nem todo mundo faz"* (Geni, 2), pois é muito difícil fazer tudo certinho sempre. Também fornecerem outro argumento para esse comportamento: toda vez que o acidente deixa de acontecer, a pessoa vai acreditando, cada vez mais, que é o bom, é o máximo e está protegido, e continua pensando que se o acidente ocorrer, irá ocorrer com outra pessoa, mas não consigo próprio. É o mito do **poder** associado ao carro, o valor simbólico da força sendo mais importante do que o valor de uso da locomoção, em uma sociedade de consumo preparada par transformar as pessoas, de consumidoras em consumistas.

> *"[...] Vai acontecer com ele, mas não vai acontecer comigo! Eu sou o bom, eu sou o máximo, eu estou protegido, eu tenho airbag, eu tenho ABS, eu tenho tudo. Não vai acontecer comigo!".* (Flávia, 2)

> *"[...] Você melhora a direção e você fica menos prudente".* (Valter, 2)

> *"A sua qualidade como motorista aumenta, sei lá, numa quantidade maior do que o risco que você corre de sofrer um acidente ou algo assim. Você se sente mais seguro [...]".* (Lucas, 2)

Esses/as jovens são seres humanos e os seres humanos **nem sempre fazem o que sabem que devem fazer.** Não somente os/as jovens, adultos também. Não somente no trânsito, em outras situações também. Nem sempre os/as pacientes tomam os medicamentos indicados, seguem as dietas hipossódicas, realizam os exames periódicos e assim por diante, embora saibam quão necessários sejam esses procedimentos para a preservação da própria vida. Não são justificativas do fenômeno. São tentativas de compreensão.

Outro olhar para essas falas indica que muitos/as motoristas jovens parecem ter uma percepção ampliada de seu controle pessoal sobre as situações que enfrentam ao dirigir, **tornando-os irrealisticamente otimistas sobre suas possibilidades de evitar danos**. Lucas acredita que sua qualidade como motorista aumenta mais do que o risco de sofrer um acidente. Essa aparente indiferença reside na maneira pela qual os riscos são psicologicamente (subjetivamente) avaliados. Diferenças nessas avaliações do risco podem resultar em estilos mais cuidadosos ou mais imprudentes na condução de um veículo automotor (MACGREGOR; SLOVIC, 1999).

Sonolência foi outro fator por eles/elas apontado como parte integrante desta 7ª Categoria — Identificando Fatores Causadores de Danos. As reflexões iniciais disseram respeito aos acidentes causados por motoristas de ônibus e de caminhões, principalmente quando transportam produtos perecíveis e dirigem por mais de 30 horas consecutivas. Embora esse não deixe de ser um sério problema relacionado à sonolência e às condições de trabalho de muitos motoristas profissionais brasileiros, denunciadas por essas e esses jovens, a reflexão sobre a própria prática foi ocorrendo gradativamente. Admitiram dormir bem menos do que o necessário, todas as noites, em função das aulas, do trabalho, das festas e das horas de estudo. Ouvir música em alto volume foi o procedimento indicado para se manterem acordados/as.

> "A música [...] deixa mais atento [...]; quando eu venho com um carro sem música, me dá muito sono, [...] porque é sempre a mesma coisa, a mesma rotina e eu sozinha; [...] três horas e meia sozinha. Daí eu começo a cantar música, eu mesma...". (Geni, 1)

Especialistas em Medicina de Tráfego, do Brasil e do exterior, reunidos/as em um Congresso Latino-Americano[93] realizado em novembro de 2002, na cidade de São Paulo, debateram o tema **sonolência e distúrbios do sono**[94], uma vez que a sonolência está sendo considerada, na atualidade, possuidora do mesmo impacto do alcoolismo como fator causador de acidentes de trânsito[95]. Nessa questão, a orientação médica indica tolerância zero. Se estiver sonolento/a, não adianta lavar o rosto com água fria, beber mistura de café com Coca-Cola, dirigir com o vidro aberto ou ligar o rádio e continuar o trajeto. Afirmam que nenhum desses procedimentos é eficaz. A orientação é no sentido de parar em lugar seguro e dormir ou, então, entregar a direção do veículo para pessoa que seja habilitada e não esteja sonolenta.

Outro fator causador de danos foi apontado como sendo a **competição**, ou seja, o modo de dirigir como se estivesse sempre competindo com as outras pessoas que também estão circulando. Dessa maneira, uma pessoa que pede passagem porque precisa adentrar, com seu carro, uma avenida, ou outra pessoa que liga a seta porque vai fazer uma ultrapassagem, ambas podem ser vistas como adversárias. O comportamento competitivo pode ser uma das manifestações da **necessidade de afirmação pessoal**, que vem a ser um dos sentidos do dirigir apontados na 1ª Categoria.

---

93 5º Congresso Brasileiro e 3º Latino-Americano de Acidentes e Medicina de Tráfego, promovido pela Associação Brasileira de Medicina de Tráfego (Abramet), no Centro de Convenções do Hotel Transamérica, em São Paulo/SP, de 7 a 10 de novembro de 2002. Nesse evento científico tive oportunidade de apresentar o pôster **Percepção do Risco no Trânsito: um estudo com universitários/as**.

94 **Sono como Causa de Acidentes de Tráfego**, mesa-redonda realizada no dia 9 de novembro de 2002, durante o V Congresso Brasileiro e III Latino-Americano de Acidentes e Medicina de Tráfego, em São Paulo. Coordenada pelo Dr. Ademir Baptista Silva (SP), teve a participação dos componentes: Drª. Cláudia Roberta de Castro Moreno (SP), Dr. Sérgio Barros (ES), Prof. Dr. Sérgio Tufik (SP) e Profa. Dra. Teresa Paiva (Portugal).

95 **Privação do Sono, Sonolência Excessiva e Acidentes Automobilísticos**, título da conferência proferida pela Profa. Dra. Teresa Paiva (Portugal), convidada da Sociedade Brasileira do Sono, às 10h30 do dia 10 de novembro de 2002, durante a realização do V Congresso Brasileiro e III Latino-Americano de Acidentes e Medicina de Tráfego, em São Paulo/SP.

> *"Mas lá [em São Paulo], se eu preciso entrar em algum lugar, alguém me dá passagem. Aqui [em Sorocaba], parece que você está competindo com o outro. Eu acho isso um inferno!".* (Vera, 1)

Deixar de usar **equipamentos de segurança** foi outro fator causador de danos apontado. Dentre esses equipamentos, as reflexões focalizaram o cinto de segurança e o *airbag*, embora este último não seja encontrado em todos os modelos e marcas de automóveis comercializados no Brasil. Em relação ao cinto de segurança, indicaram muitas transgressões de pessoas adultas, caracterizadas pela incoerência resultante do distanciamento entre o discurso e a prática, da qual fala Freire (1997).

> *"Tem um monte de policial que não usa o cinto! E daí a Polícia vê a pessoa que não está usando o cinto, como um motivo pra ferrar aquele cara".* (Breno, 2)

> *"O meu pai sabe que tem um Posto Policial naquela estrada [...] então, coloca o cinto. Ele olha que está tendo Comando na cidade [...], daí ele põe o cinto. Passou, está incomodando. [...] Então, ele tira na hora. [...] Ele usa por um minuto para passar ali onde ele precisa".* (Alice, 2)

Quando a reflexão se voltou para a própria prática, foi possível perceber que estavam divididos quanto ao uso do cinto de segurança, pois parte deles/delas usava diariamente; outra parte não tinha tanta convicção da sua eficácia; e uma terceira passou a dele fazer uso depois de ter sofrido acidente.

> *"Teve um que 'voou de cabeça' no pára-brisa... estava atrás. [...] É, estava sem cinto. Na verdade, estavam os dois na frente, sem cinto! [...] eu quis passar um carro que estava à minha esquerda [...] eu perdi o controle. [...] Na primeira puxada, eu fiquei nervoso. [...] Voltei mais rápido ainda. Daí, errei tudo e fui pra cima do muro!".* (Breno, 2)

Transporte incorreto de pessoas e animais também foi um fator lembrado. Além de discutirem a obrigatoriedade de se transportar crianças no banco traseiro, foram concordes em afirmar que dirigir com animais soltos no carro, sem usar o transportador, contraria os cuidados advindos da Direção Preventiva.

> "Às vezes eu tenho que transportar cachorro... Minha mãe é criadora e, sabe, tem a caixa, toda bonitinha, mas nem sempre... Às vezes, você está com pressa, bota o cachorro dentro do carro, suja tudo... O cachorro vem e pula em cima, ataca o motorista, o câmbio, vai... fica batendo a pata; você nunca sabe o que ele vai fazer. Atrapalha, lógico!". (Lucas, 1)

Em relação ao **desconhecimento técnico** relativo ao veículo, admitiram ser pequeno o conhecimento que as pessoas (elas e eles inclusos) têm da máquina: tipos de freios, troca de óleo, injeção eletrônica, distâncias entre brecar e parar, entre muitos outros aspectos. E consideraram de fundamental importância conhecer a máquina que estão dirigindo para poder dirigi-la com segurança. O desconhecimento das distâncias existentes entre brecar e parar foi responsável pela colisão provocada por uma das entrevistadas.

> "[...] Eu só diminuo a velocidade quando está perto do radar, quando está perto de lombada... senão, eu vou mesmo! A Avenida Itavuvu[96], o limite dela é 60 km por hora. Eu chego a 80, 100, dependendo do lugar. E foi numa dessas que eu bati o carro. O freio não freou (muitos risos). Eu não consegui frear a tempo e foi... bateu no carro!". (Helenice, 2)

Na **subcategoria restrição visual**, focalizaram diversos aspectos que dificultam a visibilidade do/a motorista ao volante: carros, pessoas ou outros estímulos que possam estar presentes no espaço

---

[96] A Avenida Itavuvu é uma das principais avenidas da cidade de Sorocaba/SP e também saída para a cidade de Porto Feliz/SP.

de circulação humana. Teceram comentários sobre a existência **do ponto cego** (posicionamento dos espelhos retrovisores que impedem a visão do/a motorista), fator responsável pela colisão sofrida por uma das entrevistadas.

> *"[...] Bati o carro por causa do ponto cego. Eu estava dando ré... foi uma coisa estúpida. Tinha um carro atrás e eu não tenho costume de virar o pescoço para olhar. Eu uso os retrovisores. E estava exatamente no ponto cego do carro".* (Alice, 1)

Abordaram, ainda, as **condições da via** como mais um fator causador de danos: fumaça, óleo na pista, obras mal sinalizadas, boiadas cruzando estradas após curva, falta de acostamento ou acostamento em mau estado, ausência de recapeamento das vias. Essa situação de denúncia a respeito do descaso dos órgãos governamentais sobre a situação das vias traz consigo a possibilidade de alguma melhora como as que estão sendo providenciadas por diferentes concessionárias, por força do cumprimento de cláusula contratual. E no caso das inúmeras rodovias não terceirizadas?

> *"Meu avô morreu de acidente de carro e a culpa não foi dele. A culpa foi que existia um lixão perto da estrada e o vento jogou a fumaça do lixão na estrada. [...] A fumaça impediu a visão dele. Agora, como é que constroem um lixão do lado da estrada? E ele capotou e morreu, e mais um amigo dele, que estava com ele, morreu também".* (Alice, 2)

8ª CATEGORIA – IDENTIFICANDO FATORES REDUTORES DE DANOS

Esta Categoria vem a ser o contraponto do que indicaram na Categoria anterior. Como fatores redutores de danos, elencaram os seguintes: direção defensiva; calma e atenção; responsabilidade e respeito; uso de equipamentos de segurança; prudência e prevenção.

A princípio, houve discordância em relação à terminologia **direção defensiva**, argumentando a favor do termo **direção preventiva (ou segura, ou responsável)**. Exemplos mostraram que se referem a situações diferentes. O pai de um dos participantes, por exemplo, frequentou curso de **direção defensiva** porque é motorista profissional e precisava aprender a se defender de situações inesperadas que enfrenta nas estradas. O conceito de direção preventiva implica aprender a reduzir os riscos e dos danos ao dirigir.

No aspecto **calma e atenção**, apontaram o benefício da audição da música clássica para a manutenção da calma do/a motorista. Para alguns/algumas participantes, a música agitada teria o mesmo efeito, pois quebraria a monotonia da estrada, principalmente, quando se está dirigindo sozinho/a. Em nenhum momento aconselharam ouvir noticiário radiofônico. Foram unânimes, também, em dizer que é necessário dirigir sem estresse, sem xingar, com muita tranquilidade. Algumas falas:

> *"Quando eu estou com o meu pai, eu sou obrigado a ouvir música clássica! (risos) Ajuda. Acalma muito. Pra mim, acalma muito".* (Lucas, 1)

> *"Sem estresse! Pode passar!".* (Breno, 2)

> *"[...] já fizeram várias barbeiragens na minha frente, homéricas até! Eu não consigo nem fazer cara feia. Eu converso comigo, talvez para manter a minha calma".* (Alice, 2)

> *"[...] Acontece o seguinte: eu já viajei, eu dirigindo... o outro motorista fez uma coisa errada e eu ficava "louco"! E quando eu não estava dirigindo, mas estava ao lado de outra pessoa, como acompanhante, e acontecia... eu queria acalmar a pessoa. A pessoa que ficava agitada. Eu, não!".* (Victor, 1)

Esse discurso de Victor contribuiu para desvelar o que esteve encoberto até este momento: os diferentes sentidos atribuídos a dois diferentes papéis (dentre vários) que as pessoas podem representar nesse espaço de circulação humana chamado trânsito: **motorista ou acompanhante.**

Se a pessoa não é algo, senão o que faz, e o fazer é sempre atividade no mundo, em relação com outras pessoas, "é necessário vermos o indivíduo não mais isolado, como coisa imediata, mas sim como relação", lembra Antonio Ciampa (1993, p.137). Ver, então, a pessoa em relação a outras, em uma realidade que sempre é movimento, é transformação, pode ajudar a compreender as diferentes reações de Victor. Como motorista, Victor ficava "louco" se outro/a motorista fizesse algo errado; como acompanhante, ficava "calmo" e tentava acalmar a pessoa que estava dirigindo. Então, a mesma ação errônea praticada pelo outro/a motorista parece atingir Victor, de maneira completamente diferente, quando ele está se identificando como motorista ou quando se identifica como acompanhante.

Identidade é metamorfose. No entanto, quando a personagem é traduzível por proposições substantivas, "refletem uma concepção de identidade como traço estático de que um indivíduo é dotado" (CIAMPA, 1993, p.136). À personagem motorista parece ter sido incorporado o papel (atividade padronizada) de vingativo, agressivo, briguento. À personagem acompanhante, o papel oposto: calmo, apaziguador, conciliador. Entretanto, Victor e os/as demais participantes surpreenderam-se com essa descoberta. Parece ter sido uma tomada de consciência inicial, encaminhando-se para a conscientização que, para Freire (2001, p.26), "implica em ultrapassar a esfera espontânea da apreensão da realidade, para chegar a uma esfera crítica, na qual a realidade se dá como objeto cognoscível e na qual a pessoa assume uma posição epistemológica".

Essas duas tendências antagônicas, identificadas a partir do discurso desses e dessas jovens — **direção transgressora, ousada e vingativa** x **direção obediente, prudente e sem estresse** —, indicam a possibilidade de mudança, e mudança para melhor. Possibilidade essa favorecida pelo espaço respeitoso e propício à reflexividade, proporcionado pela Entrevista Reflexiva realizada de maneira coletiva.

Quanto à **responsabilidade e respeito**, desencadearam longa discussão a respeito do efeito das punições, concluindo que a punição não leva à **conscientização**, mas ao adestramento. Afirmaram que a pessoa consciente age corretamente por convicção e não apenas para evitar punição. Eis algumas falas:

> "[...] *É uma questão de você valorizar a sua vida também. Então, eu nunca abusei*". (Elson, 1)

> "*É consciência do perigo, consciência da segurança, consciência da importância de obedecer a regra.* [...] *Eu não penso somente em mim, como motorista, que posso bater o carro, mas penso num pedestre, numa criança que esteja correndo... qualquer coisa assim*". (Vera, 1)

> "*Eu acho que* [a punição] *não leva a uma conscientização. Eu acho que leva a um adestramento*". (Valter, 2)

> "[...] *tem que andar devagar, tem que respeitar radar, tem que pôr cinto... se tiver airbag, tem que usar o airbag*". (Elson, 2)

Em relação aos aspectos **uso de equipamentos de segurança** e **prudência e prevenção**, defenderam o uso desses equipamentos, aliado à prudência ao dirigir; voltaram a discutir o *slogan* **"se beber, não dirija; se dirigir, não beba"**, dando exemplos de ocasiões em que entregaram a chave do carro a outra pessoa que estava sóbria.

> "[...] *Se o cara me chama pra racha, eu dispenso já na primeira esquina*". (Alice, 2)

> "*Eu não dirijo quando eu bebo.* [...] *Mas quando eu bebo, ele que vai dirigindo, porque eu não pego o carro.* [...] *Eu tenho medo. Eu acho que não vou ter reflexo. Não vale a pena!*". (Vera, 2)

Em síntese, ao identificarem os fatores redutores de danos, os universitários/as foram atribuindo **novos significados ao ato de**

dirigir — compartilhamento de espaços, espera, aperfeiçoamento constante, interação interpessoal, comunicação, cortesia — evidenciando o caráter de intervenção da Entrevista Reflexiva. Gradativamente, foi ocorrendo o fato de separarem a pessoa do objeto, ou seja, o si mesmo, do automóvel, vendo este como um equipamento destinado à locomoção e não como um objeto de valorização pessoal, caracterizado pelo valor simbólico a ele atribuído. Essa emergência da consciência de si, como ser pensante, como sujeito transformador da realidade em que vive, trouxe conjuntamente a consciência "do outro", visto, agora, como parceiro, e não como inimigo.

Nesse contexto, é possível compreender porque as nove subcategorias resultantes de seus discursos — direção defensiva, calma e atenção, responsabilidade e respeito, uso de equipamentos de segurança, prudência e prevenção — versaram somente sobre as próprias atitudes e/ou atividades que poderiam contribuir para a redução de danos, não tendo focalizado a contrapartida esperada das outras pessoas. A Entrevista Reflexiva oportunizou a reflexão sobre a própria prática.

A conscientização implica a tomada de posse da realidade e, por essa mesma razão, promove o distanciamento dessa mesma realidade, agora, objeto do conhecimento. Conscientes de si e do "outro", sentindo-se sujeitos capazes de mudar para melhor a realidade na qual vivem e a qual conhecem, agora não mais através da consciência ingênua, semitransitiva, mas por intermédio da consciência crítica emergente, também tiveram a própria identidade metamorfoseada. Saíram desses dois **Encontros** diferentes da maneira como chegaram, afetados/as pelas próprias reflexões sobre suas ações e pelas dos/as demais participantes do grupo. Sendo a identidade **permanência e mudança**, como explica Ciampa (1992), esses poucos momentos vivenciados durante as duas Entrevistas favoreceram mudanças no modo de ver o mundo do trânsito e alterações na própria identidade, seres de relação que são: "uma totalidade contraditória, múltipla e mutável, no entanto, una" (p.61).

Mas a conscientização também produz a **desmitologização**. Até a juventude universitária, considerada elite pensante, está sujeita a esses **mitos** todos relativos ao carro. No entanto, esses **mitos** do carro como poder, independência, força, coragem, ousadia, virilidade e até ingenuidade *("nada vai me acontecer")* foram sendo desconstruídos, "des-velados" por esses e essas jovens, agora conscientes de que eles (mitos) enganam as pessoas e contribuem para a manutenção da estrutura desumanizante no trânsito. Porém, como atitude crítica das pessoas, em um determinado momento histórico, a conscientização deverá continuar no momento seguinte pois, processo que é, não terminará jamais, lembra Freire (2001, p.27).

9ª CATEGORIA – AVALIANDO-SE COMO MOTORISTA

Essa Categoria resultou da pergunta **"Você se considera bom/boa motorista?"** e comportou duas subcategorias: Sentindo-se Competente e Encontrando Dificuldades. Essa pergunta abriu espaço para autorreflexão. Começaram indicando as competências que reconheciam em si mesmos/as, a fim de concluírem ser bons/boas motoristas. Mas, à medida que a Entrevista Reflexiva ia se desenvolvendo, principalmente a Segunda, caracterizada pela Devolução, começaram a admitir que também sentiam dificuldades, não estando completamente prontos para o ato de dirigir, mas **em processo de** aperfeiçoamento. As transcrições a seguir ilustram esse exercício de autorreflexão:

> "[...] *Eu não me considero, totalmente, cem por cento preparado para pegar o carro.* [...] *Tem vezes que eu pego o carro e eu sinto um tipo de deficiência".* (Lucas, 1)

> *"Eu acho que lidar com o carro não é complicado, não é coisa difícil. O mais complexo é lidar com os fatores que causam acidente".* (Victor, 1)

Ao longo das Entrevistas Reflexivas, afirmações categóricas foram sendo substituídas por outras, que indicavam ainda haver espaço para o próprio aperfeiçoamento como motorista. E foi possível perceber um certo alívio de parte de todos/as, após exteriorizarem essa reflexão. A Entrevista Reflexiva, uma vez mais, constituiu-se num exercício de **desenvolvimento de consciência**. Entretanto, o processo educacional não termina apenas porque um curso foi concluído ou porque a Carteira Nacional de Habilitação foi conseguida. A educação é permanente porque somos seres históricos, seres incompletos, "inacabados, inconclusos, em e com uma realidade que, sendo histórica, também é igualmente inacabada" (FREIRE, 2003, p.72-3).

10ª CATEGORIA – BUSCANDO SITUAÇÕES DE EQUIDADE

Esta categoria resultou de duas diferentes subcategorias: uma delas, relativa ao **Relacionamento entre Universidade e Comunidade,** e a outra, às **Relações de Gênero no Trânsito**, totalizando 13 códigos.

Quanto à primeira, os/as participantes afirmaram haver grande entrosamento entre alunos/as e professores/as da **Liga de Emergência e Trauma** do Centro de Ciências Médicas e Biológicas da PUC-SP e os bombeiros do **Resgate**, possibilitando a realização de estágios, de atividades conjuntas e a elaboração de relatórios. Lembraram, também, que essa parceria está contribuindo para o aperfeiçoamento profissional de todos/as, e resultando em benefícios para a comunidade. Em 2002 havia dois policiais militares bombeiros fazendo o curso universitário de Enfermagem, na PUC-SP, sendo um deles, sargento do Resgate.

Em relação à segunda, todas as questões foram levantadas por uma participante, a partir das próprias observações, ao comparar o perfil das mulheres dos amigos de seu marido e o das suas colegas de classe. Afirmou que as esposas dos amigos de seu marido, apesar de terem Carta, não dirigem; e que suas colegas de classe dirigem e querem trabalhar fora de casa. Perguntou por que quando o casal sai junto, parece ser um direito natural do homem dirigir (Vera, 2), indagou por que o homem parece ficar de "escanteio" se a mulher estiver dirigindo e ele for acompanhante (Vera, 2). Esse assunto despertou interesse em todos/as, mas não havia mais tempo para discussão. Só foi possível uma outra participante relatar o que ocorreu em sua casa, expresso na fala seguinte:

> *"Lá em casa, meu pai, minha mãe e eu somos motoristas. E meu pai sofreu um derrame. E ele foi proibido de dirigir. Ele morre de vergonha quando tem que sair e quem tem que dirigir é minha mãe!".* (Helenice, 2)

Em uma **cultura patriarcal** (conforme foi explicado na análise da 1ª Categoria) ou **neopatriarcal (patriarcal modificada)**, como muitos estudiosos/as consideram ser o caso da brasileira, dirigir automóveis ainda é considerado característica "naturalmente" masculina. O carro é considerado por muitas pessoas como expressão da potência masculina.

Mas a mulher brasileira está saindo do banco do acompanhante e pegando o volante. Entretanto, em uma sociedade como a nossa, em que as relações entre os gêneros[97] são marcadas ainda pelo patriarcalismo, esse fato desencadeou a produção de uma série de ditados populares, todos eles calcados na suposta existência de características consideradas "naturalmente" femininas e "naturalmente" masculinas.

Finalmente, retornando ao pensamento de Maturana (1994), se as pessoas quiserem recuperar a colaboração não hierárquica da relação homem-mulher, terão que criar um **espaço psíquico neomatrístico**, em que as diferenças de sexo sejam somente diferenças de sexo (diferença sem hierarquia), não sendo vividas de maneira depreciativa.

---

[97] Gênero significa o sexo social, permanentemente construído, ou seja, "as relações de gênero são divisões e atribuições diferenciadas e (por enquanto) assimétricas de traços e capacidades humanos" (FLAX, 1992, p.228).

E me parece que a construção desse espaço psíquico neomatrístico, no trânsito, já foi iniciada.

8 – DISCUTINDO

Após ter apresentado sínteses descritivas de cada uma das dez categorias (e respectivas subcategorias) e reflexões de cunho teórico para aprofundar a sua compreensão — procedimento que não representou segmentação do fenômeno, uma vez que todas essas categorias estão inter-relacionadas —, as reflexões a seguir objetivaram a elaboração de uma síntese de todas elas.

A escuta atenciosa durante as duas Entrevistas Reflexivas permitiu constatar que **dirigir significando locomoção não constou do discurso desses e dessas jovens**. Outros **sentidos do dirigir** foram sendo desvelados das suas falas, tomando o termo *sentido* conforme o concebe Dulce Critelli (1996), como sinônimo de rumo, de direção a seguir, daquilo que mobiliza as pessoas em relação às coisas, aos fenômenos, nesse caso, em relação ao automóvel: sonho, desejo, prazer, privilégio, afirmação, independência, necessidade, naturalidade e até imitação de brinquedo.

No entanto, esse **grupo de reflexão** sobre a prática no trânsito (constituído em decorrência das Entrevistas Reflexivas, realizadas de maneira coletiva, que oportunizaram a reflexividade) foi permitindo encontrar **novos sentidos do dirigir**, tais como: compartilhamento de espaços, espera, aperfeiçoamento constante, interação interpessoal, comunicação, cortesia. Essa emergência da consciência de si, como ser pensante, como sujeito transformador da realidade em que vive, trouxe, conjuntamente, a consciência "do outro", visto agora como parceiro, e não como inimigo. O pensamento começou a se voltar à identificação dos fatores redutores de danos (8ª Categoria). A preocupação em circular e manter-se vivo/a agora é estendida às outras pessoas que estão no mesmo espaço de circulação humana. Se a vida deles/delas é importante, a das outras pessoas também o é, concluem. "A gente quer você vivo, cara!" (Elson, 2).

Ao focalizarem dois diferentes papéis, dentre vários que as pessoas desempenham no trânsito, afirmaram reagir, na maioria das vezes, de maneira completamente diferente a algo errado que outro/a motorista possa ter feito, dependendo do lugar no carro em que estiverem sentados/as: se no banco do/a motorista ou no banco do/a acompanhante. Como motoristas, reagem agressiva e vingativamente; como acompanhantes, ficam calmos/as e procuram acalmar quem está ao volante. Apesar da identidade ser metamorfose, como propõe Ciampa (1993), quando a personagem é traduzível por proposições substantivas, estas refletem uma concepção estática de identidade. O papel (atividade padronizada) de vingativo, agressivo e briguento parece ter sido incorporado à personagem motorista; por outro lado, o de calmo, apaziguador e conciliador, à personagem acompanhante. A surpresa dessa descoberta despertou curiosidade em todas e todos; curiosidade ingênua que agora vai se criticizando, como explica Freire (1997).

A **família** parece ter tido atitudes contraditórias para com esses/essas jovens, ora **transgredindo** (pai não usando cinto de segurança; colocando filho pequeno no colo enquanto dirige), ora **tolerando** (mãe autorizando filho não habilitado a dirigir, escondido do pai; pai dando a mesma autorização à filha, em locais pouco movimentados), às vezes **aconselhando** (pai buscando filha de madrugada, na festa, porque bebeu; pais pedindo para filha não dirigir à noite, em estrada). Contudo, o mesmo pai que não usa o cinto de segurança é o mesmo que se dispõe a buscar a filha na festa, de madrugada, para evitar que ela venha dirigindo, após ter ingerido bebida alcoólica.

Ensinar, no entanto, exige a corporeificação das palavras pelo exemplo. O esforço para diminuir a distância existente entre o universo do discurso e o universo da ação, para Freire (1997), já é uma dessas virtudes indispensáveis à convivência humana, chamada **coerência**, nem sempre vivenciada por esses e essas jovens no ambiente familiar.

Mas esse distanciamento entre teoria e prática parece ser maior ainda no âmbito da autoescola. Os/as jovens não pouparam críticas a essa instituição escolar, tanto em seus **aspectos técnicos** quanto nos **aspectos éticos**, conforme explicitado na 3ª Categoria. Do ponto de vista técnico, dentre várias denúncias, apontaram: não aprenderam a usar terceira e quarta marchas, farol e limpador de pára-brisas; fizeram **baliza** somente do lado que seria avaliado no exame; não dirigiram na estrada; aprenderam **Primeiros Socorros** de maneira errônea, **Noções de Mecânica** somente na teoria e **Cidadania** com discursos desmentidos por contraexemplos. Do ponto de vista ético, dentre outras: receberam proposta de compra da Carta, quando reprovados/as; mais aulas práticas foram recomendadas pelo instrutor (desnecessárias, segundo eles/elas) para ganhar mais dinheiro; venda da Carta somente sendo efetivada para grupos de, no mínimo, cinco pessoas, a fim de lucrarem mais.

Como é possível uma instituição que se diz "escolar" — autoescola, na terminologia anterior, Centro de Formação de Condutores (CFC), na atual —, **que responde oficialmente pela formação do/a futuro/a motorista, estar tão vulnerável a ponto de receber todas essas críticas?** As práticas educativas devem ser o oposto do que foi descrito por esses e essas jovens. O preparo técnico e científico do educador/a deve caminhar paralelamente com sua retidão ética, pois o educador/a deve procurar dar testemunho do que fala, isto é, viver a prática testemunhal, o movimento dialético entre o fazer e o pensar sobre o fazer.

Mas houve momentos durante a 2ª Entrevista Reflexiva, após a **Devolução**, em que os entrevistados/as conseguiram identificar alguns aspectos positivos na autoescola, embora poucos (6ª Categoria), e avaliando-se como motoristas, admitiram ter ainda que se aperfeiçoar (9ª Categoria). Esse grupo reflexivo, através do diálogo, foi possibilitando o distanciamento da realidade passada e presente, tomada, agora, como objeto cognoscível. A consciência do inacabamento, originando o movimento de busca: **saberem-se seres condicionados capazes de ultrapassar o próprio condicionamento**, inserindo-se no mundo como sujeitos capazes de transformá-lo, em lugar de se adaptarem a ele.

Semelhantes denúncias (aspectos **técnicos** e **éticos**) ocorreram em relação ao exame para obter a Carteira Nacional de Habilitação, por eles/elas considerado pouco eficiente, pouco exigente e, em alguns momentos, pouco ético, uma vez que vários examinadores estavam envolvidos no **esquema** de venda da Carta. A indignação foi grande, pois esses examinadores, no cumprimento de suas funções, são representantes do Estado; estão investidos na autoridade que lhes foi oficialmente concedida, para aprovar ou reprovar os candidatos/as, e suas decisões sempre são respeitadas.

Na identificação de fatores redutores de danos, o olhar foi se voltando para eles/elas próprios/as, em uma espécie de "**exame de consciência**" favorecido pela Entrevista Reflexiva. Desse modo, foi possível compreender por que os fatores identificados versaram sobre as próprias atitudes e/ou atividades, pouco falando sobre a contrapartida esperada das outras pessoas que também estão no espaço de circulação humana chamado trânsito.

Quanto às **relações de gênero** no trânsito, não se observou diferenciação entre jovens do sexo masculino e do sexo feminino, desse grupo estudado, pois as entrevistadas (nem todas) estão entrando nesse território "à maneira masculina", se for possível assim dizer, ou seja, dirigindo em alta velocidade, bebendo e dirigindo, reagindo agressivamente (xingando, gesticulando, não dando passagem). Parecem agir, em algumas situações, como se a personagem motorista, traduzível por proposições substantivas, no dizer de Ciampa (1993), somente pudesse desempenhar papéis padronizados como vingativo, agressivo, briguento, imprudente, transgressor.

A transgressão está presente no significado do dirigir: atitudes contraditórias na família; instrutor que treina em lugar de educar; examinador corrupto; pressão do grupo de amigos/as para não seguir as normas, dentre muitas outras situações. Essa incoerência, resultante do distanciamento entre o discurso e a prática, da parte de muitas pessoas adultas, parece dar aos/às jovens o direito de também ser transgressores/as: "*saber* [o que é correto] *todo mundo sabe; mas* *nem todo mundo faz*" (Geni, 2). E afirmaram acreditar que a probabilidade do acidente ocorrer é menor do que a probabilidade de não ocorrer. **Discurso da prudência e direção de risco**, em muitas vezes.

Decorre, então, que a **violência** no trânsito não se traduz somente pelos elevados números de acidentes, mortes e feridos. A falta de fidedignidade desses mesmos números, assim como os conflitos interpessoais, as sequelas físicas e as marcas psicológicas também são manifestações dessa violência.

A **máquina publicitária**, quando está a serviço de uma sociedade capitalista, consumista e patriarcal, continua fazendo apologia do carro, enquanto a "sedução" pelo transporte público está longe de ocorrer (excetuando-se o usuário/a cativo/a), em decorrência de suas precárias condições de funcionamento, apesar das recentes tentativas para otimizá-lo. O **valor simbólico** do automóvel está sendo maior do que seu **valor de uso**, a ponto de um jovem universitário afirmar, durante Entrevista Reflexiva, que "a gente não é nada sem um carro" (Breno, 2).

A Figura 2 foi construída com o objetivo de integrar a fala dessas e desses jovens, analisada nas páginas anteriores, e teve a preocupação de facilitar a sua visualização por parte do leitor/a. Nela estão contemplados os elementos constitutivos de algumas das categorias (elaboradas a partir dos códigos), a saber: significados do dirigir, que se abrem para os sentidos; família e direção veicular; autoescola ou Centro de Formação de Condutores; exame de habilitação; fatores causadores de danos e fatores redutores de danos. Os elementos constitutivos de quase todas essas categorias podem ser considerados **denúncias** de situações por eles/elas vivenciadas.

No entanto, a Figura 3 contém os **novos significados do dirigir** que foram sendo construídos por esses/essas jovens, em processo de desenvolvimento de consciência (a partir do exercício de reflexividade oportunizado pela situação de dialogicidade da Entrevista Reflexiva), e os novos olhares sobre **si mesmos/as** e sobre **"o outro"**, no espaço compartilhado da circulação humana. Essa figura expressa o **anúncio**, na concepção freireana, de uma situação melhor que está por vir, de um futuro melhor do que qualquer passado, não ingenuamente esperado, mas criticamente construído, a partir deles/delas próprios/as.

FIGURA 2 – OS/AS JOVENS E O ATO DE DIRIGIR

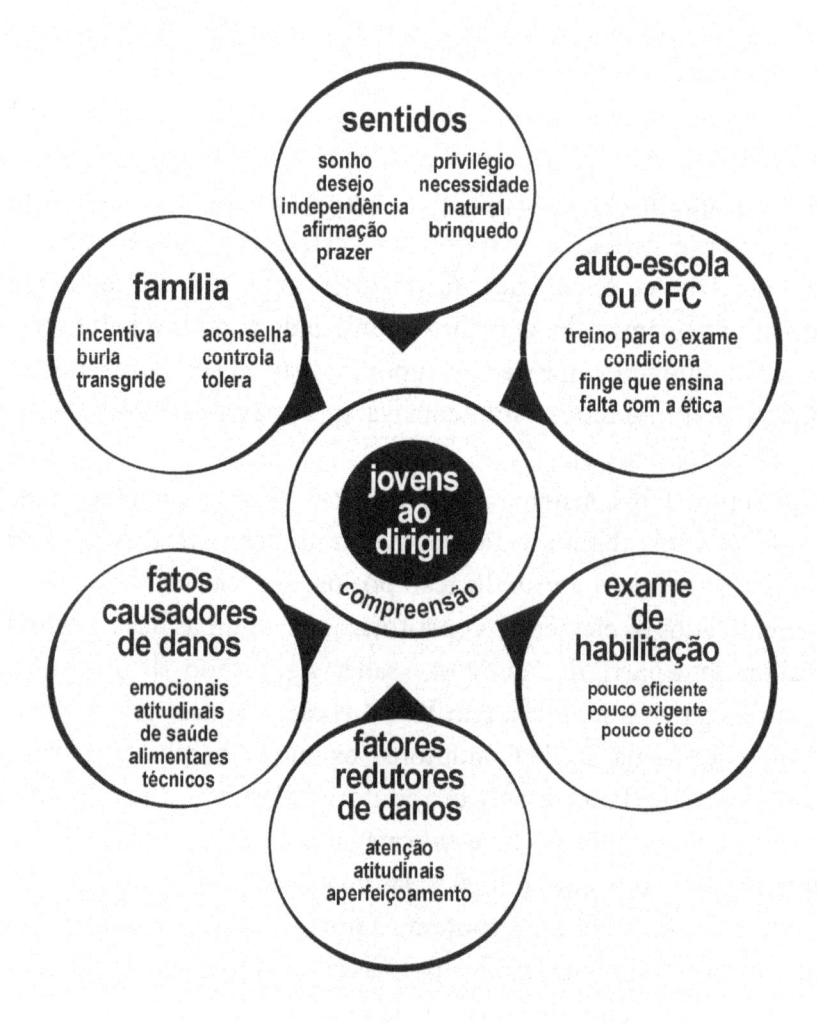

sentidos
sonho privilégio
desejo necessidade
independência natural
afirmação brinquedo
prazer

família
incentiva aconselha
burla controla
transgride tolera

auto-escola ou CFC
treino para o exame
condiciona
finge que ensina
falta com a ética

jovens ao dirigir
compreensão

fatos causadores de danos
emocionais
atitudinais
de saúde
alimentares
técnicos

exame de habilitação
pouco eficiente
pouco exigente
pouco ético

fatores redutores de danos
atenção
atitudinais
aperfeiçoamento

FONTE: Primeira e segunda Entrevistas Reflexivas.

FIGURA 3 – DESENVOLVIMENTO DE CONSCIÊNCIA DOS/AS JOVENS

si mesmo/a
calma
respeito
reconhecendo deficiências
buscando aperfeiçoamento
obedecendo normas

desenvolvimento de consciência dos/as jovens no trânsito

novos significados
atenção
atitudinais
aperfeiçoamento

o outro
parceiro
valorização da vida

FONTE: Primeira e Segunda Entrevistas Reflexivas.

Boa noite, tudo bem, bom dia
Gentileza é fundamental
Todo mundo tem direito à vida
E todo mundo tem direito igual

RUA DA PASSAGEM

Compositores: Arnaldo Antunes e Lenine
Cantor: Ney Matogrosso
Álbum: Atento aos Sinais (2013)

BUSCANDO CONCLUIR

O que podemos concluir a partir das ideias e dos dados apresentados nas mais de uma centena de páginas anteriores? Embora esses assuntos referentes à Circulação Humana (Mobilidade) e à Educação para o Trânsito continuem "em aberto", ainda assim me foi possível elaborar algumas conclusões, apontadas a seguir.

1. A Circulação Humana (ou Mobilidade) foi se transformando, ao longo dos anos, em assunto transdisciplinar e multiprofissional

Em passado não muito distante (nos anos 1950), as questões relativas ao trânsito eram do âmbito quase exclusivo da polícia e do policial, o então chamado **guarda de trânsito**. O automóvel ainda não tinha se transformado no objeto de desejo e no sonho de consumo, como viria a ocorrer. Era visto como um meio de locomoção, assim como bondes, trens, charretes, bicicletas, ônibus, ou mesmo sapatos. Para Hartmut Günther[98], o sapato foi o primeiro veículo, pois permitia, a quem o possuísse, andar mais rápido, enquanto as pessoas que não dispunham desse equipamento eram obrigadas a caminhar mais devagar para não machucar os pés.

Ao longo desses anos, várias transformações ocorreram, entre as quais: a) atribuição do valor simbólico ao automóvel, agora considerado sinônimo de *status*, poder, prestígio, sucesso, conquista, respeito, independência, felicidade, enfim; b) planejamento urbano priorizando o automóvel em lugar do pedestre, através da constru-

---

[98] Professor titular no Departamento de Psicologia Social e do Trabalho, da Universidade de Brasília.

ção de ruas e avenidas cada vez mais largas e de calçadas cada vez mais estreitas, irregulares e malconservadas, em grande parte das vezes; c) veículos automotores mais velozes e rodovias com limites de velocidade mais elevados.

O espaço compartilhado da circulação humana, a que chamamos trânsito (ou mobilidade), passou a ser assunto transdisciplinar e multiprofissional, sendo estudado pela engenharia, medicina, direito, sociologia, ecologia, psicologia, educação, entre outras ciências. Não são apenas pessoas, veículos e animais que estão circulando. Nesse espaço também circulam vontades, necessidades, emoções, desejos. Por esse motivo, questões relativas à circulação humana passaram a alimentar reflexões e pesquisas, tanto de psicólogos/as quanto de educadores/as.

2. Além de espaço físico, a circulação humana é também espaço psicológico

Enquanto as pessoas estão dirigindo, andando a pé ou pedalando, também estão sentindo emoções, desejos, angústias, preocupando-se com compromissos futuros, recordando acontecimentos passados, acenando para conhecidos/as, sorrindo ou tornando-se sérias, cedendo ou pedindo passagem, conversando com acompanhantes, ouvindo música, entre outras atividades. Isso quer dizer que durante o tempo todo as pessoas estão se comunicando e interagindo, umas com as outras, podendo ficar atentas ou distraídas, calmas ou estressadas, pois o trânsito pode ser considerado estressor externo.

Os deslocamentos diários ocorrem em um ambiente complexo e geram conflitos diversos. Além do conflito físico (a disputa pelo espaço), há outros conflitos entre vontades e entre motivos. A disputa por uma vaga no estacionamento de um supermercado pode fazer duas pessoas agirem com descortesia, hostilidade e violência; mas também poderão agir de maneira oposta, se foram educadas para a convivência humana, se aprenderam a compartilhar situações e a tomar decisões, a partir de uma prática dialógica.

A escuta respeitosa durante as Entrevistas Reflexivas possibilitou o desvelamento dos vários sentidos do dirigir desses/as jovens: desejo, sonho, prazer, afirmação, independência, necessidade, naturalidade, brinquedo, privilégio. Considerando que a Entrevista Reflexiva favorece a dialogicidade e a criticidade e tem o poder de intervenção, eles/as foram atribuindo novos significados ao ato de dirigir, como: compartilhamento de espaços, espera, aperfeiçoamento constante, interação interpessoal, comunicação e cortesia.

3. Os comportamentos dos/as condutores de veículos dependem, em grande parte, das percepções que têm das outras pessoas que estão no trânsito

Nesse cenário, pesquisas psicológicas indicam que violência ou cordialidade no trânsito dependem, fundamentalmente, do modo como motoristas e motociclistas percebem as outras pessoas nesse espaço público: como **adversárias** ou como **parceiras**. No primeiro caso, as outras pessoas podem ser vistas como **obstáculos** ao seu caminho, simplesmente por estarem em sua frente, em lugar de ficarem em casa para não "entupirem as ruas"; como **adversárias** que devem ser vencidas, por terem um veículo mais possante; como **inimigas** que precisam ser punidas, por terem feito uma manobra incorreta.

Mas no segundo, as outras pessoas são vistas como **parceiras**, como companheiras de jornada, com o mesmo direito de uso das vias públicas e sujeitas às mesmas situações adversas do percurso, tais como congestionamentos, obras nas vias, chuva torrencial, desvios de pista, além de estados emocionais desfavoráveis. Mágoas, angústias, ressentimentos, bem como outras reações emocionais vivenciadas na família, no trabalho, no lazer, no condomínio e em outras situações da vida cotidiana, podem ser deslocadas para a arena do trânsito. Dessa maneira, a raiva que uma pessoa sente de seu chefe, cônjuge ou colega de trabalho pode ser deslocada ao/à jovem recentemente habilitado/a, que buzinou sem necessidade. E assim por diante.

4. **Em situação de trânsito, a identidade das pessoas não deve ser vista como estática, mas como metamorfose, uma vez que é processo**

A identidade do/a motorista, acompanhante, pedestre, ciclista, motociclista e de outras personagens que atuam no trânsito, não deve ser considerada estática, baseada em personagens substantivadas, mas dinâmica, passível de constantes mudanças, processo que é. Vejamos um exemplo: uma mulher leva seu filho à escola, pela manhã, dirigindo seu carro; depois deixa seu carro em um estacionamento e usa o ônibus fretado pela empresa para ir até seu trabalho; na hora do almoço, caminha por dois quarteirões, atravessa uma avenida e vai almoçar em uma lanchonete; ao final da tarde, usa novamente o ônibus para ir buscar seu carro no estacionamento e, em seguida, pegar seu filho na escola; três vezes por semana, faz exercícios utilizando sua bicicleta. Esse exemplo, que expressa o cotidiano de muitas pessoas, permite compreender que essa mulher vivenciou várias identidades no trânsito, como dirigir um carro, usar transporte coletivo, andar e pedalar.

Outro exemplo pode ser aquele que foi relatado por um universitário, quando participou das duas Entrevistas Reflexivas. Disse ele que quando estava na direção de um carro, ficava muito irritado, gesticulava e xingava o outro/a motorista por ter feito alguma "barbeiragem" ao volante. Mas quando estava no banco do acompanhante, ficava calmo e procurava acalmar o/a motorista que estava ao seu lado. São percepções e comportamentos diferentes, dependendo da identidade vivenciada.

5. **Metodologias interativas favorecem a participação das pessoas, na educação em geral e, também, na educação para o trânsito**

Os projetos e programas de Educação para o Trânsito serão mais efetivos na medida em que utilizarem metodologias interativas, dialogicidade e estiverem centrados no público-alvo, seja ele constituído por alunos/as do ensino fundamental, médio ou superior, motoristas de transportadoras ou de empresas de transporte público, taxistas, profissionais liberais, autoridades, religiosos, pais e mães ou outras pessoas.

Vejamos um exemplo. Um folheto com informações sobre a importância do uso do cinto de segurança no banco traseiro de um veículo, distribuído em um semáforo, pode ser lido ou não, compreendido ou não, posto em prática ou não. Uma palestra sobre esse assunto pode ter um efeito maior do que a distribuição de um folheto. Se o/a palestrante projetar algum vídeo sobre esse assunto[99], a compreensão poderá ser ainda maior. Finda a palestra, se ele/a "abrir para perguntas", melhor ainda, porque as pessoas poderão externar suas dúvidas e/ou discordâncias sobre as situações em que é possível constatar a efetividade desse equipamento de segurança. No entanto, se for um grupo de pessoas que se reuniu duas vezes durante uma Semana Interna de Prevenção de Acidentes de Trabalho (Sipat), para discutir segurança no trânsito, participando de palestras, assistindo vídeos, recebendo folhetos explicativos e dialogando sobre esse assunto com palestrantes e com seus pares, a probabilidade de desenvolvimento de consciência e de mudança de comportamento será bem maior. Sempre que possível, a Entrevista Reflexiva deverá ser utilizada, pois favorece a formação de um grupo de reflexão a respeito de um determinado assunto.

6. A Entrevista Reflexiva realizada de maneira coletiva favorece a formação de grupos de reflexão, e eles tornam possível o desenvolvimento de consciência

---

99 Há alguns vídeos produzidos pela Volvo sueca sobre o uso do cinto de segurança no banco traseiro dos automóveis. Um deles mostra duas crianças fazendo uso desse equipamento, mas a boneca de louça não. Após repentina freada pelo condutor desse veículo, para não atropelar um cachorro, o cinto protegeu essas crianças, mas a boneca foi arremessada no parabrisa do carro, espatifando-se. Se fosse uma criança... Em outro vídeo, uma criança de 10 anos, aproximadamente, está deitada no banco traseiro de um automóvel. Após forte freada, ela foi projetada contra os ocupantes dos bancos dianteiros, com o peso semelhante ao de um filhote de elefante (uma tonelada).

Não necessariamente gravada, a Entrevista Reflexiva realizada de maneira coletiva é sempre uma **intervenção**, pois um ser humano nunca é neutro para outro ser humano. A escuta atenta e respeitosa, por parte do entrevistador/a, pode se transformar em momento de ajuda e promover o desenvolvimento de consciência. A Entrevista Reflexiva, ao dar voz aos/às jovens, em um clima de ausência de pressão, a fim de ouvir seu pensamento:

suas indagações *("por que eu preciso seguir as regras se muitos adultos não as seguem?")*,

suas insatisfações *("a gente não é nada sem um carro")*,

suas inseguranças *("mas o meu problema é a velocidade" (...), eu não tenho controle")*,

seu pensamento mágico *("vai acontecer com ele, mas não vai acontecer comigo! Eu sou o bom")*,

suas emoções *("teria medo de ser pedestre de um motorista recente")*,

suas críticas *("a autoescola, para mim, foi um roubo de dinheiro porque eu não aprendi nada")*,

suas denúncias *("saber o que é certo, todo mundo sabe, mas nem todo mundo faz")*,

os maus exemplos dos adultos *("o meu pai sabe que tem um Posto Policial naquela estrada [...] então, coloca o cinto. Passou [...] então ele tira na hora")*,

Vai oferecendo um espaço propicio para os/as jovens construirem **novos sentidos** do dirigir, anúncios de situações melhores e de esperança crítica, o que realmente aconteceu, como ilustram as afirmações a seguir:

a) *"tem que andar devagar, tem que respeitar radar, tem que por cinto..."*;

b) *"é consciência do perigo, consciência da segurança, consciência da importância de obedecer a regra. [...] Eu não penso somente em mim, como motorista, que posso bater o carro, mas penso num pedestre, numa criança que esteja correndo... qualquer coisa assim"*;

c) *"a gente quer você vivo, cara!"*.

A partir das reflexões que venho fazendo sobre os/as jovens e o ato de dirigir; das análises das crenças, atitudes, opiniões e valores relativos ao automóvel e às situações de trânsito, reveladas durante as Entrevistas Reflexivas, e da utilização da *Grounded Theory* como referência para a análise dos dados, acredito ser a contribuição deste livro a proposta de um olhar para a educação para o trânsito como desenvolvimento de consciência.

O grupo de reflexão torna possível esse desenvolvimento, na medida em que se caracteriza pela dialogicidade e pela reflexividade a respeito da realidade em que seus/suas participantes vivem, agora tomada como objeto cognoscível, isto é, do conhecimento. A reflexão vai possibilitando várias descobertas, como o inacabamento do ser humano e a necessidade da educação continuada. Como nos lembra Paulo Freire (2003), somos seres inacabados, inconclusos, incompletos, para quem a lembrança do passado não deve ser uma forma nostálgica de querer voltar, mas uma maneira de melhor conhecer o passado, para melhor construir o presente e o futuro. A necessidade da educação continuada também está embasada no pensamento freireano de que ninguém é tão ignorante que não tenha nada para ensinar (absolutização da ignorância), e ninguém é tão sábio que não tenha mais nada para aprender (absolutização do saber).

A prática testemunhal do educador/a traz à tona a questão da indissociabilidade entre conhecimento técnico-científico e a retidão ética. Assim, o ato de ensinar exige reflexão crítica sobre a prática, ou seja, entre o ato de fazer e o de pensar sobre o fazer. Não se restringe à transmissão mecânica de conhecimento (educação bancária), antes cria condições para sua própria construção (educação libertadora). **Nesse contexto, os educandos/as não aprendem somente para a prova, para passar no exame e obter a Carteira de Habilitação, senão aprendem para a vida.**

A percepção do risco no trânsito passa a ser parte de uma preocupação maior: não apenas a redução de danos direcionada à preservação da própria vida, mas também à vida das outras pessoas, considerada igualmente importante, uma vez que a consciência de si traz consigo a consciência do "outro", isto é, das outras pessoas.

7. Educação para o Trânsito como Desenvolvimento de Consciência contribui para a redução de danos e a formação de multiplicadores/as

Esta proposta de **educação para o trânsito como desenvolvimento de consciência** traz consigo a noção de que **ninguém se educa sozinho/a, ao contrário, as pessoas se educam umas com as outras, em comunhão,** como ensina Freire (1997). No entanto, será ingenuidade pensar que, desenvolvendo a consciência crítica dos educandos/as, todos os problemas estarão resolvidos. Isso somente não basta. A família deve ser chamada a participar, assim como todas as pessoas envolvidas, de uma maneira ou outra, com o trânsito: as pessoas que fabricam os veículos, que elaboram as leis, que ajudam a formar os condutores/as, policiais, gestores na área do trânsito, artistas, esportistas, comunicadores, engenheiros/as, médicos/as, educadores/as, religiosos, autoridades municipais, estaduais e federais, dos poderes executivo, legislativo e judiciário, publicitários/as, jornalistas, demais profissionais não citados, demais pessoas. Todas as pessoas precisam ter oportunidade de desenvolver sua consciência no trânsito.

As duas Entrevistas Reflexivas realizadas de maneira coletiva ocorreram em dois diferentes dias, totalizando quatro horas de diálogos dos/as jovens comigo e com seus pares. É um tempo relativamente pequeno, se considerarmos as grandes mudanças que ocorreram com esses/as universitários. Quando algum deles/as me encontrava no campus da PUC-SP, em Sorocaba, meses após o término das Entrevistas, fazia questão de me contar que havia mudado o comportamento no trânsito. Um deles, por exemplo, me contou que não dirigia mais com cachorros soltos do carro, porque agora usava o transportador. *"Você não precisa me contar que você mudou",* respondia eu. *"Mas eu quero que a senhora saiba"*, dizia ele, *"porque foi a partir daquelas conversas que eu mudei".* E foi assim também com outros/as participantes, em relação a alguns outros aspectos, como excesso de velocidade, beber e dirigir, músicas com volume muito alto e outras transgressões.

Quero ainda realçar que, por mais complexo, difícil e violento que possa ser esse espaço compartilhado da circulação humana, o educador/a não tem o direito de ficar desesperançoso. **Deve conservar-se esperançoso (detentor de esperança crítica e não ingênua) e em permanente busca da utopia**, isto é, daquele espaço ou daquela situação que ainda não existe hoje, embora possa vir a existir no futuro; o espaço do **possível não experimentado ou do inédito viável,** na concepção freireana.

Desse modo, bem provavelmente, **crianças e jovens, em lugar de se adaptarem ao mundo da circulação humana como seres condicionados e, muitas vezes, transgressores, nele serão inseridos como sujeitos históricos, críticos e utópicos, capazes de mudar essa realidade, e mudá-la para melhor.**

Ao terminar a leitura destas páginas, se você, paciente leitor, paciente leitora, sentiu motivação para se aperfeiçoar no trânsito, como condutor/a e como pedestre, porque somos seres inacabados e a educação é um processo permanente, este livro terá cumprido sua missão e eu tenho muito a lhe agradecer.

REFERÊNCIAS

4º CONGRESSO BRASILEIRO E 2º CONGRESSO LATINO-AMERICANO DE ACIDENTES E MEDICINA DE TRÁFEGO. Rio de Janeiro/RJ, 27 a 30 de outubro de 1999. Anotações das palestras.

5º CONGRESSO BRASILEIRO E 3º CONGRESSO LATINO-AMERICANO DE ACIDENTES E MEDICINA DE TRÁFEGO. São Paulo/SP, 7 a 10 de novembro de 2002. Anotações das palestras.

ABBOTT, Maria Luiza. Londrinos aprovam pedágio no centro. **Folha de S. Paulo**, 1 jun. 2003, p. A30.

ABRAHÃO, Thais. "Pós" instrui novato ao volante. **Folha de S. Paulo**, 11 nov. 2001, p. E1.

AMÂNCIO, Thiago. Motociclistas elevam mortes no trânsito de SP na pandemia. **Folha de S. Paulo**, Cotidiano, 27 maio 2021, p. B5.

ASSOCIAÇÃO NACIONAL DE TRANSPORTES PÚBLICOS. **Transporte humano:** cidades com qualidade de vida. 1. ed. São Paulo: ANTP, 1997. 312 p.

BASTOS, José Luiz Britto. Visão zero e a redução de acidentes. **O Estado de S. Paulo**, Mobilidade, 27 abr. 2022, p. 12.

BASTOS JUNIOR, Gabriel. "Epidemia" de morte no tráfego ataca teens. **Folha de S. Paulo**, 23 maio 1994a, cad. 6, p. 1.

_____. São Paulo é a cidade com mais mortes no trânsito. **Folha de S. Paulo**, 23 maio 1994b, cad. 6, p. 3.

BAUDRILLARD, Jean. **A sociedade de consumo**. Lisboa: Edições 70, 1995. 213 p.

BELLINA, Cecília. **Dirigir sem medo**. 1. ed. São Paulo: Ágora, 2001. 123 p.

BERGAMIM JR, Giba; SCOLESE, Eduardo. Acidentes fatais caem 52% nas marginais. **Folha de S. Paulo**, 12 out. 2016, p. B1.

BERGER, Peter I.; LUCKMANN, Thomas. **A construção social da realidade**. 10. ed. Petrópolis: Vozes, 1993. 247 p.

BOLETIM TÉCNICO DO PROGRAMA VOLVO DE SEGURANÇA NO TRÂNSITO, v. 8, n. 13, jun. 1994.

BORGES, Carlos Alberto. Exija o air-bag. **Veja**, v. 28, n. 52, p. 98, 27 dez. 1995, ed. 1424.

BOVER, Jairo. SP debate alternativas para caos no trânsito. **Folha de S. Paulo**, 16 maio 1994, cad. 3, p. 4.

BRINCANDO NO TRÂNSITO. **Quatro Rodas**, 1997.

CENTRO EDUCACIONAL DE TRÂNSITO HONDA COMPLETA 25 ANOS. **Cruzeiro do Sul**, Motor, 26 mar. 2023, p. 13.

CIAMPA, Antonio da Costa. Identidade. *In:* LANE, Silvia T. M.; CODO, Wanderley (org.). **Psicologia Social:** o homem em movimento. 10. ed. São Paulo: Brasiliense, 1992. 221 p.

_____. **A estória do Severino e a história da Severina**. 3. ed. São Paulo: Brasiliense, 1993. 247 p.

CÓDIGO DE TRÂNSITO BRASILEIRO. Lei n. 9.503, de 23 set. 1997. *In:* OLIVEIRA, Juarez de (org.). **Código de Trânsito Brasileiro**. 1. ed. São Paulo: Oliveira Mendes/Del Rey, 1997. 227 p.

CÓDIGO DE TRÂNSITO FAZ UM ANO DESFALCADO. **Folha de S. Paulo**, 22 jan. 1999, p. C-1.

CONGRESSO DE PSICOLOGIA NO TRÂNSITO COMEÇA SEGUNDA EM UBERLÂNDIA. **Folha de S. Paulo**, 8 ago. 1986.

CORASSA, Neuza. **Vença o medo de dirigir**. 1. ed. São Paulo: Gente, 2000. 149 p.

CORTELLA, Mário Sérgio. **A Psicologia e a Educação para o Trânsito:** desafios e perspectivas para a construção da cidadania.

Palestra proferida durante realização do Seminário Nacional Psicologia, Circulação Humana e Subjetividade, promovido pelo Conselho Federal de Psicologia (CFP), em conjunto com os Conselhos Regionais (CRP), nos dias 23 e 24 de novembro de 2001, em São Paulo/SP.

CRITELLI, Dulce Mára. **Analítica do sentido**. 1. ed. São Paulo: Educ/Brasiliense, 1996. 142 p.

_____. Os pés do silêncio. **Folha de S. Paulo**. Suplemento Equilíbrio, 14 nov. 2002, p. 12.

DEAMATIS, Davi. Estatísticas apontam 216 mortes em dez meses. **Cruzeiro do Sul**, 30 nov. 1995, p. 7.

DINIZ, Melissa. Estradas privatizadas matam mais em SP. **Folha de S. Paulo**, 30 jun. 2001, p. C1.

DOMINGUES, Maria Regina. Trânsito violento. **Folha de S. Paulo**, 10 fev. 1996, p. B-8.

DUAILIBI, Sérgio; PINSKY, Ilana; LARANJEIRA, Ronaldo. **Álcool e direção, beber ou dirigir:** um guia prático para educadores, profissionais da saúde e gestores de políticas públicas. São Paulo: Unifesp, 2010.

ESPECIALISTAS DEBATEM SEGURANÇA DE TRÂNSITO NA FOLHA. **Folha de S. Paulo**, 2 out. 1998, cad. I, p. 37.

FLAX, Jane. Pós-modernismo e relações de gênero na teoria feminista. *In:* HOLLANDA, Heloisa Buarque de (org.). **Pós-modernismo e política**. Rio de Janeiro: Rocco, 1992.

FRANCO, Carla. Programa vai ensinar direção responsável para universitários. **O Estado de S. Paulo**, 29 abr. 2001, p. 3.

FREIRE, Paulo. **Educação como prática da liberdade**. 1. ed. Rio de Janeiro: Paz e Terra, 1967, 150 p.

_____. **Pedagogia da esperança**. 1. ed. São Paulo: Paz e Terra, 1992. 245 p.

_____. **Pedagogia da autonomia**. 1. ed. São Paulo: Paz e Terra, 1997. 165 p.

_____. **Conscientização**. São Paulo: Centauro, 2001. 102 p.

_____. **Pedagogia do oprimido**. 36. ed. São Paulo: Paz e Terra, 2003. 184 p.

FRERICHS, Rosane. **O céu já tem anjos demais**. São Paulo: FTD. 1999.

FURTADO, Odair. Da consciência crítica e da consciência fragmentada: um estudo sobre a consciência operária. **Psicologia Revista**, São Paulo, v. 3, p. 11-21, nov. 1996.

GLASER, B. G.; STRAUSS, A. L. **The discovery of Grounded Theory**. New York: Aldine, 1967.

GREVE, Júlia Maria D'Andréa. Conferência sobre "O Papel e as Ações do Denatran na Implementação do Código de Trânsito Brasileiro". **I Encontro Nacional sobre Segurança, Saúde e Educação para o Trânsito no Limiar do Século XXI**, São Paulo/Centro de Convenções Rebouças, 29 a 31 de março de 2000. Vídeo, 120 minutos (TV Med, fita 3).

GULLO, Álvaro de Aquino e Silva. Violência urbana: um problema social. Congresso Brasileiro de Acidentes e Medicina de Tráfego, 3. Fortaleza, out. 1996. **Anais [...]**. Fortaleza: Abramet, 1997. 266 p.

HARNECKER, Marta; RAUBER, Isabel. **Memória Oral y Educacion Popular**. 1. ed. Bogotá: Cendal, 1996. 89 p.

HOFFMANN, Maria Helena; CARBONELLI, Enrique; MONTORO, Luis. Álcool e segurança: epidemiologia e efeitos. **Psicologia:** ciência e profissão, v. 16, n. 1, p. 28-37, 1996.

_____. Álcool e segurança no trânsito (II): a infração e sua prevenção. *In:* **Psicologia: ciência e profissão**, 16(2):25-31, 1996a.

HOLANDA, Ana. A terapia do volante. **Marie Claire**, n. 94, jan. 1999, p. 127.

ILLICH, Ivan. **Energia e equidade**. 1. ed. Lisboa: Sá da Costa, 1975. 103 p.

JANSEN, Roberta. Brasil deixa de cumprir compromisso de redução de 50% das mortes no trânsito. **O Estado de S. Paulo**, Metrópole, 24 maio 2021, p. A12.

JUNQUEIRA Filho, Laurindo Martins. Mesa redonda: "Custos dos acidentes de trânsito para as cidades brasileiras". **I Encontro Nacional sobre Segurança, Saúde e Educação para o Trânsito no Limiar do Século XXI**, São Paulo/Centro de Convenções Rebouças, 29 a 31 de março de 2000. Vídeo, 120 minutos (TV Med, fita 7).

KAMII, Constance. **A criança e o número**. 1. ed. Campinas: Papirus, 1984. 124 p.

LIPP, Marilda; ROCHA, João Carlos. **Stress, hipertensão arterial e qualidade de vida**. 2. ed. Campinas/SP: Papirus, 1996. 130 p.

LOBEL, Fabrício. Acidentes com mortes nas marginais contrariam discurso da gestão Doria. **Folha de S. Paulo**, Cotidiano, 3 dez. 2017, p. B1.

LONDRES COMEÇA A COBRAR PEDÁGIO NO CENTRO DA CIDADE. **Valor Econômico**, 14, 15 e 16 fev. 2003, p. A13.

LOPES, Reinaldo José. Perigo ronda os estressados ao volante. **Folha de S. Paulo**, 4 nov. 2001, p. E1.

LÜDKE, Menga; ANDRÉ, Marli E. D. A. **Pesquisa em educação:** abordagens qualitativas. 1. ed. São Paulo: EPU, 1986. 99 p.

MACGREGOR, Donald G.; SLOVIC, Paul. Percepção de risco e comportamento na direção. **Revista Abramet**, n. 28:50-59, jan./fev.1999. Paper apresentado na Conferência do Japão sobre Transporte e Saúde, Tóquio, 21 e 22 de outubro de 1998.

MARTINS, Joel; BICUDO, Maria Aparecida Viggiani. **A pesquisa qualitativa em psicologia**. 2. ed. São Paulo: Moraes, 1994. 110 p.

MATOS, Maria Izilda Santos de. **Meu lar é o botequim:** alcoolismo e masculinidade. 1. ed. São Paulo: Nacional, 2000. 112 p.

MATURANA, Humberto R; VERDEN-ZÖLLER, Gerda. **Amor y juego:** fundamentos olvidados de lo humano. 2. ed. Santiago/Chile: Editorial Instituto de Terapia Cognitiva, 1994. 166 p.

MEZAROBBA, Glenda. Medo pede carona. **Veja**, v. 29, n. 44, p. 100, 30 out. 1996, ed. 1468.

MINAYO, Maria Cecília de Souza. **O desafio do conhecimento:** pesquisa qualitativa em saúde. 4. ed. São Paulo/Rio de Janeiro: Hucitec/Abrasco, 1996. 269 p.

MORTES EM RODOVIAS PAULISTAS NO CARNAVAL CRESCEM 28%. **Diário de Sorocaba**, 1 mar. 2001, p. B-9.

MOTO PERPÉTUO para o 2º grau: a segurança através da ciência e da educação. São Paulo: MEC/Fiat (La Fabbrica do Brasil), sem data (lançado em 1998). 3 vols: Psicologia ao Volante (45 p.), Biologia em Circulação (49 p.) e Fórmulas no Trânsito (48 p.). Acompanhado por 3 vídeos.

NÚMERO DE MORTES AUMENTOU 49% NAS RODOVIAS FEDERAIS. **Cruzeiro do Sul**, 2 abr. 2002, p. A6.

O CULPADO na direção. **Veja**, v. 29, n. 7, p. 62-7, 14 fev. 1996, ed. 1431.

OLIVEIRA, Evaldo Melo de; MELCOP, Ana Glória. **Álcool e trânsito**. 1. ed. Recife/PE: Instituto Raid, Detran/PE, 1997. 120 p.

OLIVEIRA, Juarez de (org.). **Código de Trânsito Brasileiro**. 1. ed. São Paulo: Oliveira Mendes/Del Rey, 1997. 227 p.

PEDÁGIO URBANO. **Veja**, v. 36, n. 8, p. 55, 26 fev. 2003, ed. 1791.

PESCARINI, Fábio. Capacete reduz morte com moto em até 40%. **Folha de S. Paulo**, Cotidiano, 20 set. 2022, p. B2.

PESSOA, Larissa. Jovens participam de palestra sobre direção e álcool. **Cruzeiro do Sul**, Cidade, 9 maio 2018, p. A4.

PIAGET, Jean. **O juízo moral na criança**. São Paulo: Summus, 1994. 302 p.

PINSKY, Ilana; PAZINATTO, Cesar. **Álcool e drogas na adolescência:** um guia para pais e professores. São Paulo: Contexto, 2014.

PRADO, Marta Lenise do. **Caminhos perigosos:** violência e saúde à luz das ocorrências de trânsito. 1. ed. Pelotas/RS: Editora Universitária/UFPel, 1998. 148 p. (Série Teses em Enfermagem, 12).

PRODUÇÃO DE MOTOS SOBE 18,2% EM 2022. **Cruzeiro do Sul**, Economia, 18 jan. 2023, p. 8.

RAMALHO, José Aurélio. Triste retrato da mortalidade de motociclistas no Brasil. **O Estado de S. Paulo**, Segurança, 11 ago. 2021, p. 9.

ROZESTRATEN, Reinier Johannes. **Psicologia do trânsito**. 1. ed. São Paulo: E.P.U/Edusp, 1988. 154 p.

_____. **Paz no trânsito.** Curso para agentes multiplicadores de educação para o trânsito. 1º grau. Belem/PA: Grafisa, 1997.

_____. **Psicopedagogia do trânsito:** princípios psicopedagógicos da educação transversal para o trânsito para professores do ensino fundamental. Campo Grande/MS: UCDB, 2004.

_____. **Educando para o trânsito:** ensino fundamental (primeira a oitava série). Campo Grande/MS: UCDB, 2005.

_____. DOTTA, Ático J. **Os sinais de trânsito e o comportamento seguro.** Porto Alegre: Saga e Luzzotto, 1996.

SARAGIOTTO, Daniela. Para construir, desde a infância, um trânsito mais consciente. **O Estado de S. Paulo**, Cidadania, 28 nov. 2020, p. 4.

_____. Trânsito seguro desde cedo. **O Estado de S. Paulo**, Mobilidade, 12 out. 2022, p. 2.

SAWREY, James M.; TELFORD, Charles W. **Psicologia educacional**. 1. ed. São Paulo: Livro Técnico, 1970. 5ª reimp. 526 p.

SEREZA, Haroldo Ceravolo. França e Itália banem carro por um dia. **Folha de S. Paulo**, 22 set. 1999, caderno 1, p. 15.

SIMAGLIA, Nanci. Direção agressiva. **Autoesporte**, v. 36, n. 424, set. 2000, p. 47-51.

SP REGISTRA 47 MORTES NAS ESTRADAS. **Folha de S. Paulo**, 9 abr. 1996, cad. 3, p. 1.

SP TEM MAIS MORTES NAS RODOVIAS NESTE ANO. **Folha de S. Paulo**, 2003, p. C3.

SPARTI, Sonia Chébel Mercado. **Relações de Gênero nos livros didáticos e práticas docentes:** professoras em movimento. 1995. Dissertação (Mestrado) — Pontifícia Universidade Católica de São Paulo, São Paulo, 1995.

_____. **Educação para o trânsito como desenvolvimento de consciência:** um estudo com universitários/as. 2003. Tese (Doutorado) — Pontifícia Universidade Católica de São Paulo, São Paulo, 2003.

STAROBINAS, Marcelo. Londres implanta pedágio em área central. **Folha de S. Paulo**, 26 fev. 2002, p. A11.

STARR, Tama. **A voz do dono:** cinco mil anos de machismo e misoginia. São Paulo: Ática, 1993; 205 p.

STRAUSS, A.; CORBIN, J. **Basics of Qualitative Research:** Grounded Theory Procedures and Techniques. London/New Delhi/Newbury Park: SAGE Publications, 1990.

SZYMANSKI, Heloisa. Entrevista reflexiva: um olhar psicológico para a entrevista em pesquisa. **Psicologia da Educação**, São Paulo, v. 10/11, p. 193-215, 1º e 2º sem. 2000.

_____. (org.) **A entrevista na pesquisa em educação:** a prática reflexiva. 1. ed. Brasília: Plano. 2002, 87 p.

TRÂNSITO MATA MAIS JOVENS QUE CRIME E SUICÍDIO NO MUNDO. **Folha de S. Paulo**, 19 maio 2003, Folhateen, p. 11.

TRÂNSITO NA UNIVERSIDADE. **Autoesporte**, v. 37, n. 433, p. 19, jun. 2001.

UNICAMP CRIA CURSO DE CIÊNCIAS DO TRÂNSITO. **Diário de Sorocaba**, 5 abr. 2001, p. A2.

UNICAMP FAZ CAMPANHA A FAVOR DO USO DO CINTO. **Folha de S. Paulo**, 8 dez. 1994, cad. 3, p. 4.

VASCONCELLOS, Eduardo Alcântara. **O que é trânsito**. 3. ed. São Paulo: Brasiliense, 1998, 120 p. (Coleção Primeiros Passos, 162).

VASCONCELLOS, Esdras Guerreiro. O modelo psiconeuroendocrinológico de stress. *In*: SEGER, Liliana (org.). **Psicologia e odontologia**. 3. ed. São Paulo: Santos, 1998a. 424 p.

VIOTTI, Eduardo. Acidentes matam 50 mil por ano. **Folha de S. Paulo**, 23 maio 1994, cad. 6, p. 1.

VON SIMSON, Olga de Moraes (org.). **Experimentos com Histórias de Vida**. 1. ed. São Paulo: Vértice, 1988, 195 p.

WASSERMAN, Rogério. Estradas estaduais matam 94,7% mais. **Folha de S. Paulo**, 23 fev. 1996, cad. 3, p. 4.

WERNECK, Guilherme. Ruas de medo: não mate, não morra. **Folha de S. Paulo**, 7 out. 2002, Folhateen, p. 6 e 7.

WILDE, Gerald J. S. Target Risk. 1st edition. Toronto, Ontario, Canada. PDE Publications, 1994. 234p.

[ANEXOS]

[ANEXOS]

ANEXO A1

SEMANA NACIONAL DE TRÂNSITO N. 14

Bom dia, ouvintes da Rádio Ipanema.

Volto hoje ao tema Educação para o Trânsito, anteriormente abordado neste espaço, em relação aos acidentes ocorridos durante os feriados de carnaval. Mas hoje é para falar da Semana Nacional de Trânsito, comemorada na semana que passou.

Aqui em Sorocaba, a 1ª Cia PM trabalhou com 650 crianças, de 4 a 6 anos de idade, em relação às orientações sobre as leis de trânsito, objetivando segurança. Afinal, as crianças estão inseridas no trânsito, como pedestres, como acompanhantes em veículos particulares ou coletivos e também como ciclistas, em espaços protegidos. Esse trabalho esteve sob a coordenação da sargento Maria do Rosário. Mas a 1ª Cia PM não se limita a esse trabalho somente durante a Semana Nacional de Trânsito. Ela desenvolve outros três projetos, durante o ano, e está elaborando um quarto, dedicado aos pré-adolescentes, segundo informações do Capitão Silvério Leme Filho, Comandante da 1ª Cia PM.

Projetos como esses são louváveis e merecem nosso aplauso e nosso apoio. Mas eu estou preocupada não somente com a educação das crianças e dos/as jovens, que considero fundamental, mas também com a educação dos/as atuais motoristas. E deixo duas sugestões, sob forma de perguntas: 1) não seria possível, e até mesmo necessário, elaborar projetos que tivessem por objetivo a educação dos/as atuais motoristas? 2) não seria necessário repensar as competências mínimas exigidas para obtenção da Carteira Nacional de Habilitação? Todas as vezes que falamos de Educação para o Trânsito, eu me lembro da

L'Arca di Noé, música italiana inspirada no caótico trânsito da cidade de Roma, nos anos 1970, cantada por Sérgio Endrigo, no Festival de *Sanremo* (Itália, 1970), cujo primeiro verso diz:

> *Um toro è disteso sulla sabbia* - Um touro está estendido sobre a areia
> *il suo cuore perde cherosene;* - com o coração vertendo combustível;
> *a ogni curva un cavallo di latta* - em cada curva um cavalo de lata
> *distrugge il cavaliere* - destrói o cavaleiro
> *che fática essere uomini* - que fatídico é ser gente.

Até quando iremos lamentar nossa condição de seres humanos inventores do carro e da moto? Nessa música, o touro simboliza a moto, e o cavalo de lata destruindo o cavaleiro significa o automóvel destruindo seu condutor/a.

Qual a contribuição que cada um/a de nós pode dar para que o cavalo de lata não destrua mais seu condutor/a e seus acompanhantes?

Até a próxima semana, prezados/as ouvintes, e grata pela atenção.

Sonia Chébel, para o Jornal da Ipanema (18 de maio de 1993).

ANEXO A2

MENORES AO VOLANTE N. 50

Bom dia, ouvintes da Rádio Ipanema.

A nossa cidade possui vários locais propícios para quem deseja fazer longas caminhadas e um deles é o loteamento defronte ao Carrefour, onde está situada a torre da Rádio Ipanema. Estou falando sobre isso porque a crônica de hoje tem conotação de depoimento.

Pois bem, no último domingo, após a caminhada habitual, principalmente neste final de férias, estava eu lendo os jornais do dia, à sombra de uma árvore, entretida com a excelente reportagem de Sandra Vergili, para o jornal *Cruzeiro do Sul*, sobre a obtenção da Carteira Nacional de Habilitação, a partir das regras mais rigorosas aplicadas pelos Delegados de Trânsito da Ciretran, quando ouvi uma súbita freada, daquelas de fazer "cantar os pneus". E o que vejo? Um menino de 12 ou 13 anos, não mais do que isso, ao volante de um Scort bege, placa de Sorocaba e, ao seu lado, um senhor, aparentando 40 anos de idade. Seria seu pai? Ou um tio? Um amigo? Um vizinho?

O homem me olhou, esboçando um sorriso sem graça. Depois, voltando-se para o garoto, ordenou: "Vamos recomeçar!" E eu, de minha parte, continuei a leitura. Mas como eu me arrependi de ter silenciado! Poucas vezes eu me arrependi do que fiz, e esta foi uma delas.

Que motivos poderiam levar um pai a ensinar um menino de 12 ou 13 anos, a dirigir? Pressão grupal? *Status* social? Incapacidade para dizer não, mesmo justificando? Exibicionismo? Excesso de confiança no filho? Sejam quais forem os motivos, será que ele apresenta esse mesmo procedimento em relação à sua filha, talvez até mais velha do que o garoto?

Diz ainda a matéria do *Cruzeiro do Sul*, que os garotos já entram na autoescola sabendo dirigir, mas que é muito raro isso acontecer com as mulheres. "A maioria aprende tudo com a gente", afirmou um instrutor.

E a matéria prossegue dizendo que há uma visível preferência dos instrutores pelas mulheres, por serem mais atenciosas, cuidadosas e aprenderem mais rápido. Mas, na opinião deles, apesar dessas qualidades, seu maior "pecado" no trânsito é o **excesso de prudência**.

Então, pergunto: quanto vale uma vida humana? Alguém sabe me responder? Uma vida de criança, de jovem, de motorista, de pedestre, de idoso? E quem poderá devolver a vida de alguém? O médico? O policial militar? O rodoviário? O sacerdote?

Até a próxima semana, prezados/as ouvintes, com muito **excesso de prudência** para todos: homens e mulheres motoristas!

Sonia Chébel, para o Jornal da Ipanema (1 de fevereiro 1994).

ANEXO A3

TRÂNSITO: EDUCAÇÃO X PUNIÇÃO N. 58

Bom dia, ouvintes da Rádio Ipanema.

Eu já falei aqui, tantas vezes, sobre Educação para o Trânsito, mas esse assunto parece ser inesgotável e de extrema atualidade.

Nesta semana, o jornal *Cruzeiro do Sul* noticiou que, no ano passado, 551 pedestres foram atropelados nas ruas de Sorocaba, resultando em uma média de quase 2 atropelamentos por dia. Neste ano, somente nos meses de janeiro e fevereiro, já ocorreram 77 casos. Além desses números serem elevados, os estudos mostram que quando os atropelamentos não são fatais, acabam deixando sequelas em 85% dos casos.

O que fazer para reduzir esses números?

Segundo o Capitão Silvério Leme Filho, Comandante da 1ª Companhia do Batalhão da Polícia Militar de Sorocaba, o despreparo, tanto dos/as motoristas quanto dos pedestres, deve ser atacado em quatro frentes: 1, conscientizar as pessoas sobre as consequências dos acidentes; 2, obter mudança de comportamento no trânsito; 3, intensificar a fiscalização e a punição; 4, investir na educação de crianças e adolescentes.

Apesar de concordar com essas quatro ações, quero comentar, mesmo que rapidamente, a de número 3, que aborda a questão da fiscalização e da punição.

A Psicologia constatou, a partir de inúmeras pesquisas, que um estímulo negativo utilizado por uma pessoa para punir o comportamento de outra, pode ser interpretado de maneira completamente oposta pela pessoa que está sendo punida! Por exemplo, um aluno/a indisciplinado/a que foi punido com cinco dias de suspensão, pode até gostar do castigo aplicado, porque não precisará comparecer à escola durante uma semana! Do ponto de vista da direção da escola, a suspensão está sendo entendida como punição, mas, do ponto de vista do aluno/a, pode ser percebida como "férias fora de época".

Voltando, então, à questão da punição em situação de trânsito, a partir do que foi acima colocado, apenas elevar o valor das multas, certamente não será punição efetiva para uma parte dos/as motoristas mais abastados.

Como proceder, então?

Uma possibilidade é utilizar como sanção a prestação de serviços à comunidade. O/a motorista causador de atropelamento, com ou sem vítima fatal, deverá prestar "x" horas semanais de serviço em um pronto socorro ou hospital, auxiliando o corpo de enfermagem no atendimento a pacientes acidentados/as. Esse procedimento está mais próximo do que o psicólogo suíço Jean Piaget denomina **sanção por reciprocidade**, cujos efeitos na modificação dos comportamentos das pessoas são mais eficientes do que as punições cotidianamente utilizadas.

Prezados/as ouvintes, neste período do ano em que comemoramos a Páscoa, e Páscoa significa passagem, transição, mudança de uma situação para outra melhor, aproveito a oportunidade para desejar a todos/as, uma Feliz Páscoa, com mais justiça e menos acidentes de trânsito.

Sonia Chébel, para o Jornal da Ipanema (31 de março 1994).

ANEXO A4

MEDICINA DE TRÁFEGO N. 64

Bom dia, ouvintes das Rádio Ipanema.

Eu terminei a crônica, na semana passada, afirmando que endossava a posição do jornal *Cruzeiro do Sul*, ao considerar um paliativo de baixa eficiência, a construção de mais duas lombadas e sinalizadores, na Rodovia Raposo Tavares, entre os quilômetros 109 e 110, e prometi voltar à questão do trânsito, uma vez mais, neste Espaço sobre Educação.

Eu sempre tive grande interesse pela questão do trânsito, como cidadã, como educadora, mas meu interesse foi ampliado nos últimos dois anos quando, por motivos profissionais, precisei me deslocar semanalmente, de Sorocaba a São Paulo, dirigindo, em média, de 800 a 1.000 quilômetros por semana.

O trânsito é, hoje, um dos principais problemas de Saúde e de Educação, no Brasil. Nosso país é um dos recordistas mundiais de mortes e feridos por acidentes de trânsito. De acordo com dados da Associação Brasileira de Medicina de Tráfego (Abramet), cerca de 1 milhão de acidentes ocorrem todos os anos em nosso país, provocando a morte de, aproximadamente, 50 mil pessoas e ferindo outras 300 mil.

Na semana passada, entre 16 e 20 de maio, São Paulo sediou o **13º Congresso Mundial da Associação Internacional de Acidentes e Medicina de Tráfego**. Por que São Paulo foi escolhida para ser a sede desse Congresso Mundial? Porque apresenta um dos mais elevados índices de acidentes de trânsito de todo o mundo. De acordo com dados da Companhia de Engenharia de Tráfego (CET), o trânsito em São Paulo mata 2 vezes mais do que em New York, 3 vezes mais do que em Londres e 8 vezes mais do que em Tóquio.

Os estudos constataram que dirigir alcoolizado e sem cinto de segurança é a maior causa de acidentes com vítimas fatais ocorridos no Brasil. Segundo o Dr. Moise Edmond Seid, presidente da Abramet, várias medidas são necessárias para reverter essa situação e, dentre elas, ele aponta a necessidade de criminalizar algumas infrações, tornar obrigatório o uso do cinto de segurança e preparar melhor os/as futuros motoristas.

Eu concordo com o Dr. Seid mas, ao meu ver, não basta bem preparar o/a futuro motorista. É preciso educar os atuais. Poderiam ser, então, duas frentes de trabalho a serem desenvolvidas paralelamente. E uma boa oportunidade para atingir os/as atuais é desenvolver projetos aproveitando, por exemplo, a época da renovação da Carteira Nacional de Habilitação.

Caros/as ouvintes, eu estou com um excelente material denominado **Programa de Educação para o Trânsito no Ensino de Segundo Grau**, publicado pelo Denatran, pelo MEC e pela Prefeitura do Município de São Paulo, através da Companhia de Engenharia de Tráfego (CET). Esse material foi elaborado pelas Doutoras Clarilza Prado de Souza (de quem, atualmente, sou aluna no doutorado em Psicologia da Educação, na PUC-SP) e Maria Amélia Azevedo (de quem fui aluna também na PUC-SP). E todos/as que estiverem interessados/as em conhecê-lo e utilizá-lo poderão entrar em contato comigo através da Rádio Ipanema.

Até a próxima semana, prezados/as ouvintes, e grata pela atenção. Sonia Chébel, para o Jornal da Ipanema (26 de maio 1994).

ANEXO B1

DOMINGO, 19/07/98

TRÂNSITO E CIDADANIA - Nº 01

O jornal **Cruzeiro do Sul**, dentro da sua proposta de colocar em discussão questões que afetam o cotidiano das pessoas em nossa comunidade, fechou parceria com o Conselho Municipal de Trânsito de Sorocaba (Comutran) e inaugura hoje uma coluna semanal denominada Trânsito e Cidadania.

O movimento, no sentido de publicar a coluna, partiu do próprio Comutran, mas veio de encontro aos interesses do jornal em melhor atender ao seu leitor com informações sobre temas específicos. Dentro deste propósito o jornal já publica colunas específicas - como Aposentados, Receita Federal, Contabilidade - e hoje inaugura mais uma. Neste primeiro artigo, a articulista Sônia Chébel, presidente do Comutran, explica o vai ser a coluna.

O que o leitor pode esperar

Sônia Chébel

As intenções do Comutran, na coluna "Trânsito e Cidadania", são três:

1º) socializar informações a respeito do Código de Trânsito Brasileiro (Lei nº 9.503, de 23.09.97)

2º) focalizar temas referentes à Legislação de Trânsito (infrações de trânsito, categorias e respectivas multas; obtenção da Carteira Nacional de Habilitação; outros), Medicina de Tráfego (fragilidade do corpo humano; alcoolemia; outros), Engenharia de Tráfego (vias públicas, tipos de sinalização; redutores de velocidade, outros), Educação para o Trânsito (cinto de segurança; uso de telefone celular x direção veicular; crianças no carro; travessia de pedestres, ciclistas e motociclistas; ações desenvolvidas em escolas de 1º, 2º e 3º graus; outros), Segurança no Trânsito (equipamentos de segurança; direção defensiva; risco pretendido; outros), Trânsito Comparado (paralelo entre aspectos referentes ao trânsito, em diferentes países; levantamentos numéricos; outros).

3º) divulgar eventos nacionais e internacionais sobre questões relativas ao trânsito, publicações especializadas, pesquisas concluídas ou em andamento e vídeos educativos.

Cidadania

Cidadania está aqui sendo considerada enquanto dimensão pública da participação das pessoas na vida social e política, constituída por três tipos de direito:

Civis - que são referentes à propriedade, à justiça e à liberdade de ir e vir, de pensamento e crença, de imprensa.

Sociais - relativos ao bem-estar econômico e de segurança, de participação, de não-discriminação e de educação.

Políticos - direito de participar no exercício do poder político, de votar e ser votado, de ter respeitados seus direitos e de cumprir seus deveres.

Trânsito

Outro conceito é o termo Trânsito, de acordo com o Anexo I do Código de Trânsito Brasileiro, designa toda "movimentação e imobilidade de veículos, pessoas e animais nas vias terrestres".

Trânsito e Cidadania

Relacionando Trânsito e Cidadania, todas as pessoas, sejam elas motoristas, passageiros ou pedestres, no pleno exercício da cidadania, devem vivenciar o direito de ir e vir, nas cidades, estradas e rodovias, locomovendo-se com segurança e educação, respeitando a vida e tendo a própria vida respeitada.

Qual poderá ser a contribuição de cada um de nós, na construção e expansão da cidadania no trânsito, considerando a autonomia como finalidade da educação?

SÔNIA CHÉBEL MERCADO SPARTI - é conselheira e atual presidente do Comutran, onde representa a Universidade de Sorocaba (Uniso); é vice-diretora Comunitária do CCMB/PUC-SP; e Mestre (e doutoranda) em Psicologia da Educação, pela PUC-SP.

FONTE: Jornal Cruzeiro do Sul, Sorocaba/SP, 19 jul. 1998, p.11.

ANEXO B2

TRÂNSITO E CIDADANIA – nº 03

Bebi e vou dirigir, e daí?

Dirigir embriagado aumenta muito o risco de acidentes e todos concordam que ninguém deve dirigir se não estiver em perfeitas condições.

O problema é determinar o que é embriaguez e quem estaria em condições de dirigir, depois de consumir bebidas alcoólicas.

Utiliza-se como parâmetro a quantidade de álcool presente no sangue, porém, esta quantidade varia muito de pessoa para pessoa; depende do sexo, da idade, do peso e das condições físicas de cada indivíduo.

Cada país adota um critério para definir quem não está em condições de dirigir. No Brasil, a taxa de 0,6 grama de álcool por litro de sangue é considerada limite para impedir a condução de veículos automotores.

Dois copos de uísque ou um litro de cerveja são suficientes para elevar a taxa de 0,8 g/l !!!

O álcool no organismo provoca, em uma primeira fase, euforia e perda da inibição. O motorista julga-se poderoso, capaz de dirigir melhor ainda. Em seguida, vem a depressão e a conseqüente sonolência, com diminuição da percepção das coisas e lentidão nos reflexos.

Nos Estados Unidos, no ano de 1994, 25,3% dos motoristas envolvidos em acidentes fatais estavam sob efeito do álcool (37,4% na faixa etária de 21 a 24 anos). No Brasil, no ano de 1995, estima-se que 30% dos 255.000 acidentes ocorridos estavam associados ao consumo de bebidas alcoólicas.

Esse consumo tem atingido índices alarmantes no mundo inteiro. Sua utilização é estimulada através dos maciços investimentos em publicidade, feitos pelas empresas produtoras de bebidas.

O custo social do consumo de bebidas alcoólicas pode ser imenso, quando provoca acidentes de trânsito, que podem fazer, também, vítimas inocentes.

Portanto, pelas dificuldades de estabelecer as margens adequadas de segurança, ingerindo bebidas alcoólicas, não dirija!

JOSÉ MAURO DA SILVA RODRIGUES é conselheiro do COMUTRAN representando o CCMB – PUC-SP, Docente no CCMB-PUC-SP e coordenador de urgências da DIR-23 – Sorocaba/SP

FONTE: Jornal Cruzeiro do Sul, Sorocaba/SP, 2 ago. 1998, p.11.

ANEXO B3

DOMINGO, 09/08/98

TRÂNSITO E CIDADANIA nº 04/98

Por que tanta lombada?

Vanderlei Cófani

Qualquer motorista que tenha dirigido seu veículo por trechos de estradas que cruzam áreas urbanas deve ter-se defrontado com uma interminável seqüência de lombadas, obrigando ao desconfortável ritual de frenagens, solavancos e acelerações. O mesmo ritual ocorre dentro de nossas cidades.

Qual a razão para tanta lombada? Terá nosso povo um doentio apego a tais protuberâncias?

A resposta pode ser encontrada nas características do comportamento humano.

Nosso comportamento é determinado pelos nossos interesses de cada momento, que variam segundo o papel que estamos desempenhando. Se estamos no papel de motoristas, nossas prioridades são a rapidez e a conveniência. Rejeitamos tudo que nos contraria nesse sentido e sequer percebemos o efeito que nossa passagem provoca em quem está do lado de fora. Ao abandonarmos o veículo, passamos a nos deslocar a pé, assumindo a condição de pedestres. Nossas prioridades passam a ser o conforto e a segurança na caminhada e desejamos que a velocidade dos veículos seja baixa. Nesse conflito de interesses, o prejudicado é o mais frágil, que não tem o peso, a força e a proteção do veículo. O atropelamento é, entre os acidentes de trânsito, o mais marcado pela desigualdade. Mesmo nos demais tipos de acidente, a velocidade é um forte agravante na gravidade das conseqüências.

Essa realidade refletiu-se de forma contundente na elaboração do Novo Código de Trânsito Brasileiro. Nele o excesso de velocidade foi tratado com surpreendente severidade. Segundo o artigo 218, velocidades até 20% acima da permitida nas rodovias, vias de trânsito rápido e vias arteriais (Armando Pannunzio, General Osório, Dom Aguirre), e até 50% acima do permitido nas demais vias, constituem-se em infração grave, com multa de R$ 115,33. Se a velocidade constatada estiver acima desses limites, a infração é considerada gravíssima e a multa supera quatro vezes esse valor, além de sujeitar à suspensão temporária do direito de dirigir. Pelo artigo 220, deixar de reduzir a velocidade de forma compatível com a segurança do trânsito, ao aproximar-se de aglomeração, passeatas, escolas e locais de intensa movimentação de pedestres, também é considerado infração gravíssima, com multa de R$ 173,00.

Esse rigor, que certamente a muitos parecerá excessivo, nos levará necessariamente a uma nova postura com relação ao problema e, esperamos, a uma redução na indústria do sofrimento em que se transformou o nosso trânsito. Que o digam amigos e parentes das vítimas.

VANDERLEI CÓFANI é engenheiro e representante da Associação dos Engenheiros e Arquitetos de Sorocaba (AEAS) no Conselho Municipal de Trânsito (COMUTRAN).

FONTE: Jornal Cruzeiro do Sul, Sorocaba/SP, 9 ago. 1998, p.40.

ANEXO C1

Sonia Chébel durante Curso de Direção Defensiva ministrado pelos instrutores da Volvo Security Driving Academy, no Autódromo de Jacarepaguá/RJ, 27 out. 1999 (arquivo pessoal).

ANEXO C2

Sonia Chébel entre Reinier Rozestraten (lado esquerdo) e Gerald Wilde (lado direito), no 4° Congresso Brasileiro e 2° Latino-Americano de Acidentes e Medicina de Tráfego, Rio de Janeiro, 27 a 30 out. 1999 (arquivo pessoal).

ANEXO D

ENTRETENIMENTO DO PÚBLICO

O seriado *Carga Pesada*, veiculado pela Rede Globo de Televisão, nos anos 1980 (e reprisado duas vezes), apresentava duas personagens principais, os motoristas de caminhão protagonizados pelos atores Antônio Fagundes e Stênio Garcia. Como tema musical, a música Motorista de Caminhão, gravada pela dupla sertaneja Leo Canhoto e Robertinho. A letra, uma exaltação à transgressão em situação de trânsito: ingeriam bebida alcoólica enquanto dirigiam o caminhão; desciam ladeiras com o motor em ponto-morto, em lugar de estar engrenado; dirigiam em velocidade, arrancando pedaços do asfalto e atemorizando motoristas de outros veículos, principalmente dos pequenos.

Sucesso de audiência, pelos atores-ídolos, e de vendagem do disco, pelo prestígio dos cantores, esse seriado ajudou a deseducar inúmeras pessoas, telespectadores/as cativos/as de todas as idades.

Retomando à Rede Globo de Televisão, em maio de 2003, duas décadas depois, os três primeiros episódios desse seriado foram analisados por Roberto Scaringella[100], à luz do Código de Trânsito Brasileiro em vigência, aprovado em 1997, que apontou 17 infrações cometidas pelos caminhoneiros Pedro (Antônio Fagundes) e Bino

---

100 Roberto Scaringella, engenheiro, foi diretor do Instituto Nacional de Segurança no Trânsito (INST), com sede em São Paulo/SP. Foi fundador e primeiro presidente da Companhia de Engenharia de Tráfego (CET) de São Paulo/SP. Também foi presidente do Conselho Nacional de Trânsito (Contran) e do Departamento de Operações do Sistema Viário (DSV).

(Stênio Garcia), dentre as quais: dirigir sonolento e alcoolizado; segurar o volante com uma só mão; fazer ziguezague na pista; dirigir à noite com o farol desligado. Com 36 pontos na Carteira Nacional de Habilitação e multas totalizando R$ 1.672,00 (um mil, seiscentos e setenta e dois reais), Pedro teria a carteira cassada; com 25 pontos e multas no valor de R$ 564,00 (quinhentos e sessenta e quatro reais), aconteceria o mesmo a Bino (MULTA PESADA, **Folha de S. Paulo**, 20 maio 2003, Caderno E, p.1).

A resposta da Rede Globo de Televisão?

Carga Pesada é uma obra de ficção, para entretenimento do público e não um programa para promover a educação para o trânsito, como publicou o jornal Folha de S. Paulo (REDE GLOBO e caminhoneiros defendem Pedro e Bino. *Folha de S. Paulo*, 20 mai, 2003, Caderno E, p.2). Então essa emissora afirma que pode dar o contraexemplo, incentivar as transgressões e não se preocupar com o surgimento de multiplicadores dessas ações, em um mundo que não é de ficção?

SIGLAS

ABNT	Associação Brasileira de Normas Técnicas
ABRAMET	Associação Brasileira de Medicina de Tráfego
ABS	*Antilock Braking System*
ACM	Associação Cristã de Moços
ADERES	Associação dos Deficientes Físicos de Sorocaba
AEAS	Associação dos Engenheiros e Arquitetos de Sorocaba
AIAMT	Associação Internacional de Acidentes e Medicina de Tráfego
ANFAVEA	Associação Nacional dos Fabricantes de Veículos Automotores
ANTP	Associação Nacional de Transportes Públicos
ANTT	Associação Nacional de Transportes Terrestres

BPTRAN	Batalhão de Policiamento de Trânsito
BT	Boletim Técnico do Programa Volvo de Segurança no Trânsito
CCMB	Centro de Ciências Médicas e Biológicas
CCR	Companhia de Concessões Rodoviárias

CEBRID	Centro Brasileiro de Informação sobre Drogas
CEP	Comitê de Ética em Pesquisa
CEPAT	Centro de Psicologia Aplicada ao Trânsito
CET	Companhia de Engenharia de Tráfego (São Paulo)
CERU-USP	Centro de Estudos Rurais e Urbanos da USP
CETH	Centro Educacional de Trânsito Honda
CFP	Conselho Federal de Psicologia
CHS	Conjunto Hospitalar de Sorocaba
CIESP	Centro das Indústrias do Estado de São Paulo
CIM	Centre International de Musicothérapie (França)
CIPA	Comissão Interna de Prevenção de Acidentes
CIRETRAN	Circunscrição Regional de Trânsito
CNH	Carteira Nacional de Habilitação
COMUTRAN	Conselho Municipal de Trânsito
CONEP	Comissão Nacional de Ética em Pesquisa
CONTRAN	Conselho Nacional de Trânsito
CPTRA	Centro de Tratamento e Reabilitação
CRP	Conselho Regional de Psicologia
CRUB	Conselho de Reitores das Universidades Brasileiras
CS	Jornal Cruzeiro do Sul
CTB	Código de Trânsito Brasileiro

DENATRAN	Departamento Nacional de Trânsito
DER	Departamento de Estradas de Rodagem
DERSA	Desenvolvimento Rodoviário S.A.
DETRAN	Departamento Estadual de Trânsito
DNER	Departamento Nacional de Estradas de Rodagem
DNIT	Departamento Nacional de Infraestrutura de Transporte
DPVAT	Danos Pessoais Causados por Veículos Automotores de Vias Terrestres
DS	Jornal Diário de Sorocaba

ENSP	Escola Nacional de Saúde Pública
EUA	Estados Unidos da América

FACENS	Faculdade de Engenharia de Sorocaba
FAFI	Faculdade de Filosofia, Ciências e Letras de Sorocaba
FFCLS	Faculdade de Filosofia, Ciências e Letras de Sorocaba
FAPESP	Fundação de Apoio à Pesquisa do Estado de São Paulo
FCM	Faculdade de Ciências Médicas
FDA	Fundação Dom Aguirre
FEFISO	Faculdade de Educação Física de Sorocaba

FFLCH	Faculdade de Filosofia, Letras e Ciências Humanas
FIOCRUZ	Fundação Osvaldo Cruz
FSP	Jornal Folha de S. Paulo

HC	Hospital das Clínicas (São Paulo)
HR	Hospital da Restauração (Recife)

IAB	Instituto dos Arquitetos do Brasil
IML	Instituto Médico Legal
INFOSIGA	Sistema de Informações Gerenciais de Acidentes de Trânsito do ESP
INST	Instituto Nacional de Segurança de Trânsito
IOT	Instituto de Ortopedia e Traumatologia (HC/USP)
IPVA	Imposto sobre Propriedade de Veículos Automotores

MEC	Ministério da Educação e Cultura

NEM	Núcleo de Estudos da Mulher (PUC-SP)
NESC	Núcleo de Estudos em Saúde Pública (FIOCRUZ)
NHTSA	National Highway Traffic Safety Administration (EUA)

OAB	Ordem dos Advogados do Brasil
OESP	Jornal O Estado de S. Paulo
OMS	Organização Mundial da Saúde
ONSER	Laboratoire de Psychologie de la Conduite (França)
ONSV	Oservatório Nacional de Segurança Viária

PARE	Programa de Redução de Acidentes nas Estradas
PRONAST	Programa Nacional de Segurança de Trânsito
PUC-CAMP	Pontifícia Universidade Católica de Campinas
PUC-SP	Pontifícia Universidade Católica de São Paulo
PUC-RIO	Pontifícia Universidade Católica do Rio de Janeiro

RAID	Instituto Recife de Atenção Integral às Dependências
RGP	Resposta Galvânica da Pele

SEC	Secretaria da Educação e Cultura
SENAT	Serviço Nacional de Aprendizagem de Trânsito
SESC	Serviço Social do Comércio
SESI	Serviço Social da Indústria

SEST	Serviço Social de Trânsito
SEPS	Secretaria de Ensino de Primeiro e Segundo Graus
SETDS	Secretaria de Transporte e Defesa Social
SETPS	Secretaria de Trabalho e Promoção Social
SINDEPARK	Sindicato das Empresas de Estabelecimentos e Garagens
SIPAT	Semana Interna de Prevenção de Acidentes de Trabalho

UCDB	Universidade Católica Dom Bosco
UFPel	Universidade Federal de Pelotas
UFRS	Universidade Federal do Rio Grande do Sul
UFSC	Universidade Federal de Santa Catarina
UNICAMP	Universidade Estadual de Campinas
UNIFESP	Universidade Federal de São Paulo
UNISO	Universidade de Sorocaba
URBES	Empresa de Desenvolvimento Urbano e Social de Sorocaba
URE	Unidade Regional de Emergência
USABS	União das Sociedades de Bairro de Sorocaba
USP	Universidade de São Paulo

VD	Variável Dependente
VI	Variável Independente
VLT	Veículo Leve sobre Trilhos
VSDA	Volvo Security Driving Academy

FONTE Minion Pro
PAPEL Offset 75 g/m²
IMPRESSÃO Meta